JENNIFER MEDHURST

Die 7 Prinzipien für eine gesunde Ernährung

JENNIFER MEDHURST

Die 7 Prinzipien für eine gesunde Ernährung

Aus dem Englischen
von Wiebke Krabbe

Für alle, die versuchen, etwas besser zu machen.

Backofenhinweis: Die Temperaturangaben beziehen sich auf Ober- und Unterhitze, wenn nicht anders angegeben. Bei Umluft verringert sich die Temperatur um etwa 20 °C. Beachte dazu auch die Bedienungsanleitung deines Backofens. Die Backzeiten können je nach Herd variieren. Backe und gare stets in der Ofenmitte.

Bildnachweis
Alle Fotos stammen von Nick Hopper.

> Die in diesem Buch enthaltenen Empfehlungen und Angaben sind von der Autorin mit größter Sorgfalt zusammengestellt und geprüft worden. Eine Garantie für die Richtigkeit der Angaben kann aber nicht gegeben werden. Autorin und Verlag übernehmen keine Haftung für Schäden und Unfälle. Bitte setzen Sie bei der Anwendung der in diesem Buch enthaltenen Empfehlungen Ihr persönliches Urteilsvermögen ein.
> Der Verlag Eugen Ulmer ist nicht verantwortlich für die Inhalte der im Buch genannten Websites.

Anmerkung zur Schreibweise (Gendering): Gendergerechtigkeit und Inklusion sind bei uns gelebte Praxis – bei der Auswahl unserer Themen, bei der Rechercheabeit, in der Gestaltung. Unsere Texte meinen alle. Damit unsere Inhalte jedoch gut lesbar bleiben, verzichten wir in diesem Werk auf die jeweilige Mehrfachnennung oder Anpassung der Schreibweise bestimmter Bezeichnungen an die weibliche, männliche oder diverse Form.

Bibliografische Information der Deutschen Nationalbibliothek
Die Deutsche Nationalbibliothek verzeichnet diese Publikation in der Deutschen Nationalbibliografie; detaillierte bibliografische Daten sind im Internet über http://dnb.d-nb.de abrufbar.

Das Werk einschließlich aller seiner Teile ist urheberrechtlich geschützt. Jede Verwertung außerhalb der engen Grenzen des Urheberrechtsgesetzes ist ohne Zustimmung des Verlages unzulässig und strafbar. Das gilt insbesondere für Vervielfältigungen, Übersetzungen, Mikroverfilmungen und die Einspeicherung und Verarbeitung in elektronischen Systemen.

Englischsprachige Originalausgabe:

First published in Great Britain in 2023 by Kyle Books, an imprint of Octopus Publishing Group Ltd, Carmelite House, 50 Victoria Embankment, London EC4Y 0DZ

Text copyright 2023 © Jennifer Medhurst

Design & layout copyright 2023 © Octopus Publishing Group Limited

Photography copyright 2023 © Nick Hopper

All rights reserved.

Jennifer Medhurst asserts the moral right to be identified as the author of this work.

Deutschsprachige Ausgabe:

© 2023 Eugen Ulmer KG
Wollgrasweg 41, 70599 Stuttgart (Hohenheim)
E-Mail: info@ulmer.de
Internet: www.ulmer.de

Projektleitung: Jennifer Zajonz
Übersetzung: Wiebke Krabbe
Lektorat: Petra Teetz
Herstellung: Birgit Heyny
Umschlaggestaltung: Verlag Eugen Ulmer
Satz: Fotosatz Buck, Kumhausen
Printed in China

ISBN 978-3-8186-2218-3

7	**Vorwort**
8	**Los geht's: Die Zutaten**
10	**Zwei-Wochen-Plan**

Die Prinzipien

12	**1. Vollwertige Lebensmittel**
24	**2. Abwechslung**
34	**3. Gesunde Fette**
42	**4. Fermentiert, präbiotisch und probiotisch**
50	**5. Weniger raffinierte Kohlenhydrate**
56	**6. Trinken**
64	**7. Achtsam essen**

Rezepte

72	**Frühstück & Brunch**
92	**Suppen, Salate & Sandwiches**
118	**Hauptgerichte**
148	**Süße Sachen**
172	**Getränke**
190	**Register**

VORWORT

Früher war mir nicht klar, dass Essen und Gesundheit etwas miteinander zu tun haben. Ich hatte eine 50-Stunden-Woche, aß an mehreren Abenden in der Woche auswärts, und an den anderen Tagen gab es etwas Schnelles aus der Mikrowelle. Ich hatte keine Energie und konnte weder gut schlafen noch mich entspannen. Ich hätte daran gerne etwas geändert, aber ich war der Meinung keine Zeit dafür zu haben, einer von diesen »gesunden Menschen« zu werden, die ihre Smoothies selbst machen.

Ein paar Jahre später, nach dem Studienabschluss und mehreren Ernährungskursen, hat sich mein Leben dramatisch verändert. Kurz nachdem ich angefangen hatte, als Ernährungsberaterin zu arbeiten und für Personen mit ganz unterschiedlichen gesundheitlichen Voraussetzungen individuelle Ernährungspläne zu entwickeln, bemerkte ich, dass all diesen Plänen einige gemeinsame Prinzipien zugrunde lagen. Ich beschloss, diese Prinzipien zusammenzufassen – quasi als Grundlage einer gesunden Ernährung. Mir war wichtig, dass sich diese Prinzipien nicht an der neuesten Mode orientieren, sondern wissenschaftlich fundiert, klar und verständlich sind, sodass jeder sie auf einfache Weise in seinen Alltag integrieren kann.

Diese Prinzipien sind:

Vollwertige Lebensmittel

Abwechslung

Gesunde Fette

Fermentierte, präbiotische und probiotische Lebensmittel

Weniger raffinierte Kohlenhydrate

Trinken

Achtsam essen

Manche Menschen scheuen sich, eine Ernährungsberatung in Anspruch zu nehmen, weil sie fürchten, nur noch Salat essen zu dürfen oder Veganer werden zu müssen. Diese falschen Vorstellungen über gesunde Ernährung waren eigentlich der Grund dafür, warum ich Ernährungsberaterin wurde. Ich bin weder eine strenge, perfektionistische Ärztin noch ein Laissez-faire-Foodie. Ich bin ein ganz normaler Mensch. Ich esse alles, mache Fehler und lebe, wie ich will. Du kannst keine Buchweizenpfannkuchen backen oder weißt nicht, was eine Açai-Bowl ist? Junkfood ist aber auch nicht dein Lieblingsessen? Ich wende mich an alle, die ihr Leben leben und dabei gesund sein wollen. Es geht hier nicht um eine radikale Ernährungsumstellung, sondern um einfache Grundregeln für gesundes Essen. Es geht um die bewährten, wissenschaftlich belegten Prinzipien, die jeder gesunden Ernährung zugrunde liegen und keinem Trend folgen. Ich möchte meinen Leserinnen und Lesern fundierte Informationen an die Hand geben, die sie auf ihr eigenes Leben anwenden können, ganz nach ihren individuellen Vorlieben, Abneigungen, Geschmäckern oder kulturellen Präferenzen. Damit alle so leben können, wie sie wollen.

Zu lange hat die Diätindustrie restriktive, verallgemeinernde Regeln propagiert. Mal hieß es, man solle »Kohlenhydrate meiden«, dann wieder wurden Fette pauschal als »schlecht« abgestempelt. Gleichzeitig kursieren so viele verschiedene und oft widersprüchliche Informationen, dass die Menschen oft Schwierigkeiten haben, ihre Ernährung sinnvoll umzustellen. Sie wissen nicht, wo sie anfangen sollen, und geben vor lauter Verunsicherung ihre Vorsätze für eine gesunde Ernährung gleich wieder auf. Ich wollte einen einfachen Ansatz entwickeln, der die individuellen Bedürfnisse jedes einzelnen berücksichtigt, der mit präzisen und gut verständlichen Informationen versorgt und jeden in die Lage versetzt, eine nachhaltige und genussvolle Ernährungsweise zu finden, die zu seinen persönlichen Bedürfnissen und Vorlieben passt.

Es geht nicht darum, was du ausschließen sollst, sondern was du einschließen kannst. Du liebst Pizza und Eiscreme? Prima, dann dürfen sie auf deinem Speiseplan stehen. Aber was können wir noch hinzufügen? Dieser positive, integrative Ansatz sorgt für eine nachhaltige Ernährungsweise und vergrößert die Chance, mit einer Ernährungsumstellung langfristig Erfolg zu haben.
In diesem Buch geht es nicht um weniger, sondern um mehr. Mir ist wichtig, dass die Zubereitung einfach ist und Spaß macht, und dass die Gerichte üppig und verlockend sind. Ich freue mich darauf, dich auf diesem Weg zu begleiten.

jennifer

Los geht's: Die Zutaten

Die nachfolgenden Zutaten habe ich fast immer im Haus. Die Liste dieser Basics ist keineswegs vollständig, aber ein guter Anfang.

Getreide

Brauner Reis

Nudeln (ich bevorzuge braune Reisnudeln, aber du kannst auch andere Sorten verwenden, die qualitativ hochwertig und möglichst unverarbeitet sind.)

Quinoa (probiere auch mal Buchweizen, Bulgur, Amarant, Perlgraupen, Dinkel, Polenta, Hirse)

Reiscracker oder Hafercracker

Hochwertiges Brot (je nach Vorliebe hell oder dunkel, normal oder glutenfrei, gerne auch mit Sauerteig)

Haferflocken (je nach Vorliebe normal oder glutenfrei)

Hülsenfrüchte

Es gibt eine riesige Auswahl an Hülsenfrüchten, von Linsen über schwarze Bohnen bis hin zu Kichererbsen. Die beste und preiswerteste Option besteht darin, getrocknete Bohnen zu kaufen, allerdings kostet das Einweichen Zeit. Konserven werden auf verschiedene Weise hergestellt. Manchmal werden die Hülsenfrüchte zuerst gekocht und dann in Dosen abgefüllt. Andere Produkte werden in der Dose gegart und können schwerer verdaulich sein. Je höher die Qualität, desto wahrscheinlicher ist es, dass sie zuerst gekocht wurden. Ich vertrage Hülsenfrüchte in Bio-Qualität am besten. Vielleicht musst du einige Produkte ausprobieren, bis du deine Favoriten findest.

Würzsaucen

Tahin (Sesampaste)

Sojasauce oder Tamari (glutenfreie fermentierte Sojasauce)

Apfelessig (am besten roh mit Essigmutter), Rotweinessig, Sherryessig, Aceto balsamico

Dijonsenf, Vollkornsenf (zuckerfreie Sorten, die mit Apfelessig hergestellt sind)

Kräuter und Gewürze

Kräutermischungen, Kräuter der Provence, Chiliflocken, Kreuzkümmel, Kurkuma

Salz und Pfeffer (selbstverständlich)

Muskatnuss, Zimt, Vanille (Schoten oder Extrakt)

Öle und Fette
Natives Olivenöl extra ist unbestritten das beste Öl, denn es ist reich an wertvollen pflanzlichen Stoffen. Zahlreiche Studien haben seine weitreichenden gesundheitliche Vorteile belegt. Achte auf die Chargennummer und das Erntedatum auf der Flasche.

Nüsse und Samen
Nusskerne und Samen (Mandeln, Cashewkerne, Walnüsse, Kürbiskerne, Leinsamen, Chiasamen und Sonnenblumenkerne)

Zum Süßen
100 % reiner Ahornsirup oder reiner Bio-Honig

Küchenhelfer

Leinsamenmühle (manuelle Mühle, z. B. eine Pfeffermühle, oder elektrische Mühle, z. B. eine Kaffeemühle)

Standmixer, Mixer

Küchenmaschine, Handrührgerät

Messbecher

ZUTATEN

Zwei-Wochen-Plan

Woche 1

	Montag	Dienstag	Mittwoch
Frühstück	Blitz-Frühstück; S. 75	Müsli; S. 75	Hüttenkäse-Toast mit Avocado; S. 88
Mittagessen	Nudel-Bohnen-Eintopf; S. 103	Ofengemüse-Salat; S. 109	Nudel-Bohnen-Eintopf; S. 103
Abendessen	Kokos-Kichererbsen-Curry; S. 133	Soba-Nudeln mit Knusperkohl; S. 124	Fischauflauf mit Süßkartoffelhaube; S. 146
Zwischendurch	Avocado auf Roggenbrot oder Hafercrackern	1–2 gekochte Eier	Hummus mit rohem Gemüse nach Wahl
Lifestyle-Tipp	Mindestens 15 Minuten im Grünen spazieren gehen	Das Handy nicht mit ins Schlafzimmer nehmen	1 Stunde vor dem Schlafengehen ein Bad mit 500 g Epsom-Salz

Woche 2

	Montag	Dienstag	Mittwoch
Frühstück	Blitz-Frühstück; S. 75	Müsli; S. 75	Riesenbohnen mit Tomaten auf Toast; S. 88
Mittagessen	Schnelle Erbsen-Bohnen-Suppe; S. 97	Schwedischer Salat mit Dill; S. 106	Schnelle Erbsen-Bohnen-Suppe; S. 97
Abendessen	Gemüse-Tajine mit Mandel-Kichererbsen-Quinoa; S. 130	Gebratener Reis mit Karotten, Ingwer und Miso; S. 128	Gemüse-Tajine mit Mandel-Kichererbsen-Quinoa; S. 130
Zwischendurch	Baba Ghanoush mit rohem Gemüse nach Wahl	1–2 gekochte Eier	Dunkle Knusperschokolade; S. 153
Lifestyle-Tipp	Vor dem Essen viermal tief atmen (durch die Nase ein- und durch den Mund ausatmen)	2 l Wasser trinken	Keine sozialen Medien von 21–9 Uhr

Donnerstag	Freitag	Samstag	Sonntag
Blitz-Frühstück; S. 75	Müsli; S. 75	Herzhaftes Ofengemüse; S. 91	Spinat-Bananen-Pfannkuchen; S. 85
Ofengemüse-Salat; S. 109	Nudel-Bohnen-Eintopf; S. 103	Sandwich mit Avocado, Pilzen, Spinat und Miso; S. 115	Hähnchen mit Blumenkohl, Erdnüssen und Sesam; S. 141
Kokos-Kichererbsen-Curry; S. 133	Fischauflauf mit Süßkartoffelhaube; S. 146	Kreolischer Kabeljau mit Bohnensalsa; S. 142	Würzige Tacos mit Walnüssen; S. 134
Apfel mit Nussmus	1 Handvoll Nüsse	Hummus mit rohem Gemüse nach Wahl	Dunkle Knusperschokolade; S. 153
10 Minuten Meditation (gerne mit App)	Benachrichtigungen aller Handy-Apps abschalten	Ein Kapitel in einem Buch lesen	Mindestens 30 Minuten eine Duftkerze anzünden und bewusst Zeit für sich nehmen
Blitz-Frühstück; S. 75	Müsli; S. 75	Shakshuka mit Pilzen; S. 86	Herzhaftes Ofengemüse; S. 91
Schwedischer Salat mit Dill; S. 106	Schnelle Erbsen-Bohnen-Suppe; S. 97	Avocado-Gemüse-Panino; S. 116	Tomatentarte mit Ricotta; S. 138
Pasta mit gebackenen Auberginen und Tomaten; S. 122	Asia-Lachs vom Blech; S. 145	Pad Thai mit Gemüse; S. 127	Asia-Lachs vom Blech; S. 145
1 Handvoll Nüsse	Schoko-Hafer-Bissen; S. 163	Baba Ghanoush mit rohem Gemüse nach Wahl	Dattel-Erdnuss-Happen; S. 159
Beim Weckerklingeln gleich aufstehen (nicht die Snooze-Taste drücken)	Das tägliche Schrittpensum erfüllen	Das tägliche Schrittpensum erfüllen	Mindestens 20 Minuten Yoga machen

1 Vollwertige Lebensmittel

Von Ernährungsexperten hört und liest man viele widersprüchliche Ratschläge, aber in einem Punkt sind sich alle einig: Vollwertige Lebensmittel sind gesund. Unzählige Studien zeigen, dass sie gut für unseren Darm sind, Herz und Gehirn schützen und uns helfen, ein gesundes Gewicht zu halten. Es gibt sogar Hinweise darauf, dass sie unsere psychische Gesundheit fördern können.

Was sind vollwertige Lebensmittel?

Vollwertige Lebensmittel werden auch als unverarbeitete oder minimal verarbeitete Lebensmittel bezeichnet. Sie sind pflanzlichen Ursprungs und befinden sich weitestgehend in ihrem ursprünglichen Zustand. Einige Lebensmittel wie frisches Obst und Gemüse sind völlig unverarbeitet, aber auch andere, wie gemahlenes Mehl und fermentierte Milchprodukte wie Joghurt, können als vollwertig eingestuft werden.

Vollwertige Lebensmittel enthalten mehr Vitamine und Ballaststoffe als verarbeitete und hochverarbeitete Lebensmittel und sind meist reicher an hochwertigen komplexen Kohlenhydraten. Das bedeutet, sie liefern langsam verfügbare Energie. Sie enthalten außerdem weniger »leere Kalorien« aus zugesetztem Zucker und Transfetten. Du bekommst also mehr Nährstoffe für dein Geld. Einige Beispiele:

– **Vollkorngetreide** wie Haferflocken, Quinoa, Buchweizen, Mais, Reis (schwarz, braun, wild)
– **Nüsse** wie Mandeln, Haselnüsse, Walnüsse, Pekannüsse, Cashewkerne, Erdnüsse, Paranüsse
– **Samen** wie Sonnenblumenkerne, Chiasamen und Kürbiskerne
– **Hülsenfrüchte** wie Linsen, Kichererbsen, Kidneybohnen, schwarze und weiße Bohnen
– **Obst und Gemüse** von Heidelbeeren über gelbe, grüne und rote Paprikaschoten bis hin zu Süßkartoffeln

Verarbeitungsgrade

Das NOVA-Klassifizierungssystem teilt alle Lebensmittel anhand ihres Verarbeitungsgrads in die folgenden vier Gruppen ein:
– unverarbeitete und geringfügig verarbeitete Lebensmittel
– verarbeitete Zutaten
– verarbeitete Lebensmittel
– hochverarbeitete Lebensmittel

Gruppe 1: unverarbeitete und geringfügig verarbeitete Lebensmittel
Unverarbeitete Lebensmittel befinden sich in ihrem natürlichen Zustand. Geringfügig verarbeitete Lebensmittel sind natürliche Lebensmittel, die lediglich durch Entfernen von ungenießbaren oder unerwünschten Teilen oder durch Verfahren wie Mahlen, Zerkleinern, Filtern, Kochen, Trocknen, Pulverisieren, Fraktionieren, Rösten, alkoholfreie Fermentation, Pasteurisieren, Kühlen, Gefrieren, Abfüllen in Behältnisse und Vakuumverpacken verändert wurden.

Gruppe 2: verarbeitete Zutaten
Verarbeitete Zutaten sind kalorienreiche Lebensmittel, die man selten einzeln isst, wie Öle, Butter, Zucker und kalorienfreie Zutaten wie Salz. Diese Zutaten werden oft aus natürlichen Lebensmitteln (Gruppe 1) durch Verfahren wie Pressen, Raffinieren und Mahlen gewonnen. Teilweise handelt es sich um rein mechanische Verarbeitungsmethoden, teilweise aber auch um industrielle Verfahren, bei denen Chemikalien und andere Stoffe zum Einsatz kommen. Daher sollten einige Öle dieser Kategorie am besten gemieden werden.

Gruppe 3: verarbeitete Lebensmittel
Verarbeitete Lebensmittel sind in der Regel Lebensmittel der Gruppe 1, denen Lebensmittel der Gruppe 2 zugesetzt wurden. Dazu gehören beispielsweise Lebensmittel, die in Salzlake, Sirup oder Öl eingelegt wurden, aber auch Fleischprodukte wie Schinken und Speck sowie geräucherte Produkte, frisches Brot und Käse, denen Salz zugesetzt wurde. Am einfachsten lässt sich der Unterschied zwischen Lebensmitteln der Gruppen 1 und 3 feststellen, indem man auf der Verpackung nachliest, ob Lebensmittel der Gruppe 2 zugesetzt wurden.

Verarbeitete Lebensmittel können bedenklich sein, wenn ihnen zu viel Öl, Zucker oder Salz zugesetzt wurde oder wenn sie im Übermaß konsumiert werden. Isst man sie in Maßen, und im Fall von verarbeitetem Fleisch nur gelegentlich, können sie Teil einer gesunden, ausgewogenen Ernährung sein.

Gruppe 4: hochverarbeitete Lebensmittel
Hochverarbeitete Lebensmittel werden mit industriellen Verfahren hergestellt und enthalten normalerweise industriell hergestellte Chemikalien und Zusatzstoffe.

Verpackung lesen

Unverpackte Lebensmittel sind in den meisten Fällen unverarbeitet. Bei verpackten Produkten solltest du immer das Kleingedruckte auf der Umverpackung lesen. Als Faustregel gilt: Je mehr Zutaten hier aufgelistet sind, desto stärker verarbeitet ist das Lebensmittel. Achte auch auf Marketing-Schlagworte und überlege dir, wie weit dieser Artikel von seinem ursprünglichen Zustand entfernt ist.

Zucker

Die WHO empfiehlt, dass Erwachsene und Kinder ihre tägliche Aufnahme von freiem Zucker auf weniger als 10 % ihrer Gesamtenergiezufuhr reduzieren sollten. Noch besser für die Gesundheit wäre es, den Zuckerkonsum auf weniger als 5 % oder etwa 25 Gramm (6 Teelöffel) pro Tag zu reduzieren.

Wer den eigenen Zuckerkonsum einschätzen und vielleicht verringern möchte, sollte die Bezeichnungen für die verschiedenen Zuckerarten kennen.

Natürlicher, zugesetzter, freier und Gesamtzucker

Natürliche Zucker sind in Obst, Gemüse, Milchprodukten und Honig enthalten. Wenn sie sich in der Zellstruktur von Lebensmitteln befinden, beispielsweise in ganzen Früchten (Fruktose) oder in Milch und Joghurt (Laktose), sind sie mit Vitaminen, Mineralstoffen und – im Fall von Obst – Ballaststoffen und Antioxidantien angereichert.

Zugesetzter Zucker umfasst alle Zuckerzusätze in jeglicher Form, einschließlich Haushaltszucker, Honig und Sirup, die den Produkten bei der Herstellung, beim Kochen oder bei Tisch zugefügt werden.

Freie Zucker beziehen sich laut WHO auf Monosaccharide (wie Glukose, Fruktose) und Disaccharide (wie Saccharose oder Haushaltszucker), die Lebensmitteln und Getränken vom Hersteller, Koch oder Verbraucher zugesetzt werden, sowie auf Zucker, die von Natur aus in Honig, Sirup, Fruchtsäften und Fruchtsaftkonzentraten enthalten sind. Nicht in diese Gruppe fällt der in Milch und Milcherzeugnissen natürlich vorkommende Zucker (Laktose) sowie Zucker, die sich in der Zellstruktur von Lebensmitteln befinden.

Gesamtzucker benennt die Gesamtmenge an Zuckern. Er umfasst also natürlich vorkommende, zugesetzte und freie Zucker.

Die Ermittlung des Zuckergehalts eines Lebensmittels ist nicht immer ganz einfach. Der Gesamtzuckergehalt verarbeiteter Lebensmittel wird normalerweise auf der Verpackung in Gramm Zucker pro 100 g des Produkts angegeben, zudem werden alle zugesetzten Zucker in der Zutatenliste aufgeführt. In den USA hat man begonnen, die Angabe des zugesetzten Zuckers auf dem Etikett von vorverpackten Lebensmitteln und Getränken einzuführen. Dabei arbeitet die US Food & Drug Administration (FDA) mit den Herstellern zusammen, um diese neuen Kennzeichnungsvorschriften zu erfüllen. Der zugesetzte Zucker wird auf der Grundlage der herstellereigenen Rezepturen berechnet.

Marketing-Schlagworte

Zuckerfrei
In Europa bedeutet dieser Begriff, dass ein Lebensmittel weniger als 0,5 g Zucker pro 100 g enthalten muss. In den USA bedeutet »zuckerfrei« laut FDA, dass ein Lebensmittel weniger als 0,5 g Zucker pro Referenzmenge (RACC) und pro angegebener Portion enthalten muss.

Ohne Zuckerzusatz
Wenn Hersteller in Europa behaupten, ein Lebensmittel enthalte »keinen Zuckerzusatz«, kann es natürlich vorkommenden Zucker enthalten, darf aber nicht mit Zucker oder anderen Süßungsmitteln verarbeitet werden. Wenn das Lebensmittel von Natur aus Zucker enthält, sollte auf dem Etikett auch der Hinweis »Enthält natürlich vorkommenden Zucker« erscheinen. In den USA können laut FDA Produkte mit der Angabe »ohne Zuckerzusatz« auch natürlich vorkommende Zucker enthalten und dürfen nicht mit Zucker oder zuckerhaltigen Zutaten verarbeitet werden. Sie können aber Zuckeralkohol oder künstliche Süßungsmittel enthalten.

Low/Light
Das bedeutet, dass dieses Produkt 30 % weniger Zucker oder Fett enthält als ein vergleichbares Produkt. Oft wird jedoch Fett entfernt und durch Zucker oder andere unerwünschte Zusatzstoffe ersetzt, sodass diese Produkte nicht unbedingt gesünder sind.

Proteinreich/ballaststoffreich
Damit ein Produkt als »proteinreich« bezeichnet werden kann, müssen mindestens 20 % der Kalorien aus Proteinen stammen. Bei der Angabe »Proteinquelle« müssen 12 % der Kalorien aus Proteinen stammen. Für einen »hohen Ballaststoffgehalt« müssen 6 g Ballaststoffe pro 100 g enthalten sein. (Erwachsene sollten 30 g Ballaststoffe pro Tag zu sich nehmen.)

Traditionell/Land…
Nicht verwechseln mit bio! Bilder von Bauernhöfen, Natur und Hausmannskost dienen hauptsächlich dem Marketing, obwohl die Produkte in Wirklichkeit stark verarbeitet sind, Zusatzstoffe enthalten und in industriellem Maßstab produziert werden.

Vollwertig vs. verarbeitet

	Obst und Gemüse	Fleisch/Fisch/Eier (im Maßen verzehren)	Milchprodukte (in Maßen verzehren)
Bevorzugen			
	Frisches und TK-Obst	Mageres Fleisch von Weidevieh	Hartkäse und Hüttenkäse
	Frisches und TK-Gemüse	Hähnchen	Naturjoghurt
	Ungesalzene Nüsse	Frischer Fisch/Meeresfrüchte	Vollmilch und fettarme Milch
		Eier	
Vermeiden	Obst- und Gemüsesäfte	Speck, Würste, Hotdogs, Aufschnitt	Hochverarbeiteter Käse
	Obstkonserven in Sirup	Fischstäbchen	Gesüßter/aromatisierter Joghurt
	Fruchtleder und ähnliche Snacks		Eiscreme
	Kartoffel- und Gemüsechips		
	Gesalzene/gewürzte Nüsse		

> **FAKTENCHECK**
>
> **»Gesunder Zucker« – raffinierter Zucker vs. Zuckeralternativen**
> Es gibt inzwischen eine ganze Reihe von Produkten, die als »gesunde« Alternativen zu weißem, raffiniertem Zucker angepriesen werden. Dazu gehören beispielsweise Honig, Agavendicksaft, Dattelsirup, Kokosblütenzucker und andere. Diese Produkte »ohne raffinierten Zucker« sind aber nicht automatisch gesund. Es spielt keine Rolle, ob ein Zucker raffiniert ist oder nicht: Wenn es sich dabei um einen freien Zucker handelt, trägt er trotzdem zur täglichen Zuckermenge bei.
>
> Weitere Informationen zu Zucker auf Seite 53.

Die Ernährung bereichern

Es ist viel einfacher, jemandem zu sagen, er solle etwas weglassen, statt ihn zu motivieren, Neues auszuprobieren. Darum hat sich die Diätindustrie immer sehr darauf konzentriert, bestimmte Lebensmittel zu verteufeln. Eine restriktive Diät ist jedoch auf Dauer nicht tragbar, denn unser Körper braucht ein breites Spektrum an Nährstoffen, um optimal zu funktionieren. Außerdem macht es viel mehr Spaß, den Speiseplan zu erweitern, statt ihn zu verkleinern. Fang am besten heute an, mehr Vollkornprodukte, Gemüse, Samen und Nüsse zu essen!

Wenn du bewusst mehr von dem isst, was gut für dich ist, bleibt automatisch weniger Platz für Junkfood und verarbeitete Produkte. Natürlich kannst du weiterhin Kuchen und Schokolade genießen. Aber wenn du dir bewusster machst, was du isst, und das Gleichgewicht in Richtung Vollwertigkeit verschiebst, wirst du feststellen, dass verarbeitete und hochverarbeitete Lebensmittel sowie Junkfood immer weniger Platz in deiner Ernährung einnehmen.

Kalorien zählen

Die Verdauung und Aufnahme von Nahrung macht etwa 10 % unseres täglichen Energieverbrauchs aus, aber dieser Prozentsatz hängt von der Art der Nahrung ab. Die Verdauung von Proteinen verbraucht mit 20–30 % der Kalorien am meisten. Ballaststoffreiche Lebensmittel wie Kohlenhydrate liefern mehr Kalorien als bei der Verdauung verbraucht werden, vor allem weil Ballaststoffe unverdaut den Körper passieren können. Im Durchschnitt gehen dabei 5–10 % der Kalorien verloren. Bei Fett sind die Kalorienverluste am geringsten, sie liegen bei 5–10 %. Wir brauchen etwas Fett, um die fettlöslichen Vitamine A, D, E und K aufzunehmen. Fette sind auch eine Quelle für essenzielle Fettsäuren, die der Körper nicht selbst herstellen kann, die aber für sein optimales Funktionieren wichtig sind.

Grundsätzlich erfordert die Verdauung von verarbeiteten Lebensmitteln weniger Energie als die Verarbeitung von vollwertigen Lebensmitteln. So schlagen 100 Kalorien eines verarbeiteten Lebensmittels wie Müsli, Kekse oder Kuchen stärker zu Buche als 100 Kalorien eines vollwertigen Lebensmittels, da weniger Kalorien für die Verdauung und Absorption verbraucht werden. Folglich haben 100 Kalorien aus verarbeiteten Lebensmitteln mehr Nettokalorien als 100 Kalorien aus vollwertigen Lebensmitteln (außerdem fehlen ihnen in der Regel wichtige Nährstoffe).

Wie viele Kalorien wir aus der Nahrung gewinnen, hängt auch von anderen Faktoren ab:
– Art und Weise der Zubereitung
– Zusammensetzung der Darmflora
– Arten der verzehrten Lebensmittel
– individueller Stoffwechsel

Ich bin kein Fan des Kalorienzählens. Manchmal hat es seine Berechtigung, aber wenn man den Schwerpunkt auf die Verbesserung der Gesamtqualität der Ernährung legt, stellen sich die positiven gesundheitlichen Effekte auch ohne Zählen ein. Außerdem sind kalorienarme Lebensmittel nicht automatisch gesund. Häufig gehen mit den Kalorien auch Nährstoffe verloren, sodass solche kalorienarmen Lebensmittel kaum einen Nährwert haben.

Die Rolle der Ballaststoffe

Ballaststoffe sind ein Typ von Kohlenhydraten, die nicht im Dünndarm abgebaut werden, sondern in den Dickdarm gelangen, wo sie den guten Darmbakterien als Nahrung dienen. Beim Abbau der Ballaststoffe produzieren diese guten Bakterien nützliche Verbindungen, die man als kurzkettige Fettsäuren (SCFAs) bezeichnet.

Aufgaben der kurzkettigen Fettsäuren:
- Sie versorgen unsere Darmschleimhaut mit Brennstoff.
- Sie regulieren den Blutzuckerspiegel. Es ist wichtig, den Blutzuckerspiegel den ganzen Tag über im Zielbereich zu halten, um langfristige, schwerwiegende Gesundheitsprobleme wie Herzkrankheiten, Sehkraftverlust und Nierenerkrankungen zu verhindern oder zu verzögern. Ein stabiler Blutzuckerspiegel kann auch Energieniveau und Stimmung verbessern. Der optimale Blutzuckerwert ist individuell verschieden. Er sollte aber im Durchschnitt bei 4–7 mmol/l vor dem Essen und unter 8,5–9 mmol/l zwei Stunden nach einer Mahlzeit liegen.
- Sie fördern den Transport der Nahrung durch den Dickdarm.
- Sie unterstützen das Immunsystem, regen die Ausschüttung von Darmhormonen an und wirken sich direkt auf das Fettgewebe aus.

Das können Ballaststoffe noch:
- Sie verlangsamen die Entleerung des Magens, sodass wir uns länger satt fühlen und Blutzuckerspitzen vermieden werden.
- Sie erhöhen das Stuhlvolumen und erleichtern so die Ausscheidung.
- Sie verdicken den Darminhalt, sodass die Darmschleimhaut mehr arbeiten muss. Das beugt Darmträgheit vor.
- Sie binden andere Stoffe und helfen so, Blutzuckerspitzen zu verhindern und den Cholesterinspiegel zu senken.

Ballaststoffe sind die Lieblingsspeise deines Darmmikrobioms. Ein zufriedenes, gut genährtes Darmmikrobiom wiederum kommt fast allen Organen in deinem Körper zugute, einschließlich Herz, Geist und Haut.

Wie viele Ballaststoffe?

Empfohlen werden 30 g pro Tag, es darf aber gerne mehr sein. Die meisten Menschen nehmen weniger als 20 g zu sich. Wichtig ist, die Menge an Ballaststoffen langsam zu erhöhen und ausreichend Flüssigkeit zu trinken, da sonst Blähungen und Verstopfung auftreten können.

Wo stecken Ballaststoffe drin?

Ballaststoffe sind das Rückgrat der Vollwertkost. Jede pflanzliche Lebensmittelgruppe (Vollkorngetreide, Nüsse, Samen, Hülsenfrüchte und Bohnen, Obst und Gemüse) enthält verschiedene Arten von Ballaststoffen. Je mehr verschiedene Ballaststoffe wir zu uns nehmen, desto artenreicher ist unser Darmmikrobiom, und das wiederum stärkt eine gute Gesundheit. Der Schlüssel zu einer guten Darmgesundheit liegt also darin, so viele verschiedene Ballaststoffe wie möglich mit der Nahrung aufzunehmen.

Um mehr Ballaststoffe aufzunehmen, verzichte einfach darauf, Obst und Gemüse zu schälen. Denn in den Schalen steckt ein Großteil der Nährstoffe, insbesondere Ballaststoffe und Antioxidantien.

FACHLATEIN

Was sind Antioxidantien?
Antioxidantien sind Moleküle, die freie Radikale neutralisieren. Diese instabilen Moleküle können die Zellen schädigen und zur Entstehung vieler chronischer Gesundheitsprobleme wie Herz-Kreislauf-Erkrankungen, Entzündungen und Krebs beitragen.

---

7 Tipps für mehr Ballaststoffe

1. Salate mit Hülsenfrüchten anreichern.
2. Körner-Samen-Mix auf Müsli, Eier und Toast streuen.
3. Obst und Gemüse nicht schälen.
4. Hülsenfrüchte in Suppen mixen.
5. Vollkornbrot statt Weißbrot essen.
6. Nüsse oder Samen naschen.
7. Hackfleisch zur Hälfte durch Bohnen oder Linsen ersetzen

Clever einkaufen

Obst und Gemüse

Die Empfehlung, mehr Obst und Gemüse zu essen, klingt abgedroschen, hat aber Hand und Fuß. Sie stecken nicht nur voller Ballaststoffe, Vitamine und Mineralstoffe, sondern enthalten auch noch Phytonährstoffe. Von diesen wertvollen Verbindungen gibt es Tausende verschiedener Arten.

Je mehr verschiedene Obst- und Gemüsesorten du in deine Ernährung einbaust, desto besser. Die Farben von Obst und Gemüse sagen etwas über ihren Nährstoffgehalt aus. Unser Körper braucht ein breites Spektrum an Nährstoffen, damit er optimal funktioniert. Ob frisch, tiefgekühlt oder als Konserve: Obst und Gemüse ist immer gut. Kaufe, was für dich am einfachsten ist, aber achte auf Abwechslung und Vielfalt. Fünf Portionen am Tag werden empfohlen, es dürfen aber gern auch mehr sein.

Vollkornprodukte

Zu den Vollkorngetreiden gehören Haferflocken, Quinoa, Buchweizen, Mais, Reis (schwarz, braun, wild), Dinkel, Gerste und Bulgur. Brot und Teigwaren daraus haben eine höhere Nährstoffdichte als die weißen Varianten, sind aber nicht ganz so wertvoll wie das Getreide in unverarbeiteter Form.

Unraffinierte Vollkornprodukte sind ausgesprochen gesund, weil sie mehr Ballaststoffe und Nährstoffe enthalten als ihre raffinierten Gegenstücke. Sie brauchen länger, um verdaut und aufgenommen zu werden, und tragen so zu einem ausgewogenen Blutzuckerspiegel bei. Wegen der enthaltenen Ballaststoffe sättigen sie anhaltend, was auch bewirken kann, dass man insgesamt weniger isst. In der westlichen Ernährung spielen stärkehaltige Kohlenhydrate eine wichtige Rolle, sie sollten aber keinesfalls den Platz von Obst und Gemüse auf dem Teller einnehmen.

Fleisch

Früher gab es Fleisch nur zu besonderen Anlässen, heute ist es ein alltägliches Nahrungsmittel. Studien zufolge sollte eine gesunde Ernährung aber nur geringe bis mäßige Mengen an Geflügel und wenig bis gar kein rotes oder verarbeitetes Fleisch enthalten. Besonders bedenklich sind gepökelte Fleischwaren wie Schinken, Speck und Salami. Sie enthalten Konservierungsstoffe auf Nitratbasis und große Mengen Salz. Beide gelten als gesundheitsschädlich und können das Risiko für einige Krebsarten und Herzerkrankungen erhöhen. Weißes Fleisch wie Hühnerfleisch wird oft als gesunde Alternative angesehen, sollte aber dennoch nur in Maßen verzehrt werden.

Mit etwas Planung ist es gar nicht so schwer, sich fleischlos und doch nährstoffreich zu ernähren. Wer gerne Fleisch essen möchte, sollte sich für Produkte von Tieren aus artgerechter Haltung entscheiden und die Mengen in Maßen halten. Du könntest versuchen, mehrere fleischlose Tage pro Woche einzuplanen und rotes oder verarbeitetes Fleisch nur sehr selten zu essen. Ich empfehle außerdem, Bio-Fleisch zu kaufen. Es ist zwar teurer, hat aber eine höhere Qualität und eine bessere Nährstoffbilanz. So ist beispielsweise der Gehalt an Omega-3-Fettsäuren bei Fleisch aus Bio-Haltung meist höher. Der höhere Preis kann auch ein Anreiz dafür sein, den Fleischkonsum zu reduzieren.

Auf Fleischersatzprodukte – wie z. B. veganen Speck und Würstchen – solltest du an den fleischlosen Tagen verzichten, denn sie sind oft hochverarbeitet. Iss stattdessen lieber Vollwertprodukte wie Hülsenfrüchte oder gelegentlich Tofu (der kein Vollwertprodukt ist).

FAKTENCHECK

Was ist der Unterschied zwischen Grasfütterung und Weidehaltung?
Der Begriff »Weidehaltung« bezieht sich ausschließlich auf Tiere, die den überwiegenden Teil ihres Lebens im Freien verbringen und natürlich wachsende Pflanzen fressen. Viele Nutztiere verbringen jedoch nur einen geringen Teil ihres Lebens auf der Weide und werden während der restlichen Zeit im Stall gehalten und mit Gras, Heu, Silage oder anderen Futtermitteln versorgt. Bezeichnungen wie »Grasfütterung«, aber auch »Landkäse« oder »Alpenmilch«, sind reine Marketing-Schlagworte und sollen lediglich eine natürliche, tiergerechte Haltung suggerieren.

Fisch

Fisch liefert gesundes Eiweiß und wertvolle Nährstoffe. Vor allem fettreiche Fische wie Sardine, Makrele, Sardelle, Lachs und Hering sind reich an Omega-3-Fettsäuren. Der gesundheitliche Nutzen der mehrfach ungesättigten Omega-3-Fettsäuren EPA und DHA ist durch Studien gut belegt. So ist beispielsweise erwiesen, dass Menschen, die regelmäßig Fettfische essen, mehr graue Substanz im Gehirn haben, also das Gewebe, das hauptsächlich am Gedächtnis beteiligt ist. Wer regelmäßig Fisch verzehrt, hat im Allgemeinen ein geringeres Risiko, übergewichtig oder fettleibig zu werden. Fettfisch gewährleistet eine gute Omega-3-Zufuhr, darum empfehlen europäische Gesundheitsrichtlinien, mindestens zwei Portionen Fisch pro Woche zu essen, von denen mindestens eine Fettfisch sein sollte. (Das gilt nicht bei Schwangerschaft.) Die Ernährungsrichtlinien der USA empfehlen mindestens 225 g Fisch pro Woche (bei 2000 Gesamtkalorien täglich) und weniger für Kinder. Schwangere, stillende Mütter und Frauen mit Kinderwunsch sollten wöchentlich 225–340 g verschiedener quecksilberfreier Fischarten essen. Wer wenig fetten Fisch isst, kann die Einnahme eines hochwertigen Omega-3-Präparats mit einem hohen EPA- und DHA-Gehalt in Erwägung ziehen und den täglichen Verzehr von pflanzlichen Omega-3-Quellen wie Leinsamen, Chiasamen und Walnüssen erhöhen. Studien zeigen jedoch, dass der Körper pflanzliche Omega-3-Quellen nicht so gut verwertet.

Ich empfehle Fisch aus nachhaltigem Wildfang oder aus zertifizierter Bio-Zucht. Unverarbeiteter Tiefkühl- und Dosenfisch kann genauso nahrhaft sein wie frischer. Dosenfisch sollte in Wasser oder nativem Olivenöl extra konserviert sein – andere Öle sind weniger gesund, Lake enthält viel Salz. Kleinere Fische wie Sardinen und Makrelen sind großen Fischen wie Thunfisch vorzuziehen. Der Grund: Größere Fische stehen weiter oben in der Nahrungskette und ernähren sich von kleineren Fischen. Infolgedessen sind sie oft höher mit Schwermetallen und Toxinen belastet, die sie mit ihren Beutetieren aufnehmen.

Eier

Eier sind reich an Proteinen, wichtigen Vitaminen und Mineralstoffen, darunter die Vitamine B_2, B_5, B_{12} und D sowie Cholin. Zwar enthalten Eier viel Cholesterin, doch haben mehrere Studien gezeigt, dass sie bei einer ausgewogenen Ernährung nur minimale Auswirkungen auf den Cholesterinspiegel im Blut haben. Eier in Bio-Qualität oder aus Freilandhaltung sind nährstoffreicher, zudem tragen diese Haltungsformen zu mehr Tierwohl bei. Außerdem haben die Eier von Hühnern, die Gras fressen konnten, einen höheren Vitamin-E-Gehalt und enthalten etwa doppelt so viele Omega-3-Fettsäuren wie Eier von Tieren aus Stallhaltung.

Hülsenfrüchte

Eine Ernährung, die reich an Hülsenfrüchten ist, trägt nachweislich zu einem besseren Gesundheitszustand bei, etwa einem geringeren Risiko für Krebs, Fettleibigkeit und Herz-Kreislauf-Erkrankungen. Es gibt faszinierende Untersuchungen über die »Blauen Zonen«. Dabei handelt es sich um Regionen der Welt, in denen chronische Krankheiten seltener vorkommen und die Menschen länger leben als anderswo. Forscher haben mehrere Faktoren ermittelt, die alle Blauen Zonen gemeinsam haben und die offenbar zur guten Gesundheit ihrer Bewohner beitragen. Einer dieser Faktoren ist eine Ernährung, die zu 95 % aus Pflanzen besteht und täglich Hülsenfrüchte enthält.

Hülsenfrüchte sind eine gute Quelle für Proteine und Ballaststoffe. Sie sättigen anhaltend und enthalten wenige gesättigte Fette. Hülsenfrüchte können aber Blähungen verursachen, wenn sie nicht richtig gegart werden. Getrocknete Hülsenfrüchte, die eingeweicht und dann gekocht wurden, sind oft leichter verdaulich als Konservenware – vor allem, wenn diese in der Dose gegart wurde. Doch getrocknete Produkte sind nicht so bequem in der Handhabung wie Konserven. Probiere aus, welches dein Lieblingsprodukt ist.

Milchprodukte

Wer keine Laktoseintoleranz hat, sollte minimal verarbeitete Milchprodukte in Maßen zu sich nehmen. Sie liefern wertvolle Nährstoffe wie Eiweiß und Kalzium. Ich persönlich esse an den meisten Tagen eine Portion Naturjoghurt, aber nur sehr selten Käse. Meinen Tee trinke ich ohne Milch, und ich verwende lieber natives Olivenöl extra als Butter.

Nüsse und Samen

Nüsse und Samen sind trotz ihrer geringen Größe wahre Nährstoffbomben, die du in fast jedes Gericht einbauen kannst. In der westlichen Ernährung werden sie viel zu wenig genutzt. Dabei sind sie optimale Quellen für Eiweiß, gesunde Fette, Vitamine und Mineralstoffe wie Selen (Paranüsse), Omega-3-Fettsäuren (Walnüsse) und Magnesium (Mandeln).

Portionsgrößen für Erwachsene

daumengroß

fingerlang

faustgroß

Handvoll

Obst und Gemüse
1 Portion

1 faustgroße Portion

1 große Handvoll Spinat

1 mittelgroße Tomate

1 mittelgroßer Apfel

Proteine
1 Portion

1 Handvoll

½ Handvoll Fisch (140 g)

120 g gegarte Hülsenfrüchte

1 Handvoll Nüsse und/oder Samen

80 g Tofu

Kohlenhydrate
1 Portion

1 faustgroße Portion

1 faustgroße Ofenkartoffel oder Süßkartoffel

2 mittelgroße Scheiben Brot

2 Handvoll ungekochter Reis/Nudeln/Quinoa

Milch und Milchalternativen
1 Portion

200 ml fettarme Milch (1,5 % Fett)

3 EL Naturjoghurt

1 fingerlanges Stück Käse (30 g)

Öl
1 Portion

1 EL (10 ml) zum Kochen oder über Salat geträufelt

Gesund tauschen

Statt weißer Nudeln	Braune Nudeln, braune Reisnudeln, Kichererbsennudeln oder grüne Erbsennudeln
Statt Weißbrot	Vollkornbrot, Roggenbrot, dunkles Sauerteigbrot
Statt Couscous	Quinoa, Buchweizen
Statt weißem Reis	Brauner Reis, Wildreis
Statt Chips oder einem Müsliriegel	Nüsse (ungeröstet und ungesalzen), Samen, Rosinen, getrocknete Aprikosen
Statt gezuckerter Frühstückscerealien	Haferflocken

Aktiv werden

1. **Den Einkauf planen**
   Suche dir drei (oder mehr) gesunde Rezepte/Gerichte für die kommende Woche aus, die ähnliche vollwertige Zutaten enthalten.

   Schreibe eine Einkaufsliste und halte dich daran. Lass dich im Supermarkt nicht von Werbung und Lockangeboten in Versuchung führen!

   Geh nicht einkaufen, wenn du hungrig bist.

2. **Vollwertiges kaufen**
   Frage dich bei jedem Lebensmittel, ob es naturbelassen ist oder von Menschenhand hergestellt wurde.

   Prüfe im Zweifelsfall die Angaben auf der Verpackung. Je kürzer die Zutatenliste ist, desto geringer ist die Wahrscheinlichkeit, dass es sich um ein verarbeitetes Produkt handelt.

3. **Tierische Produkte als Extra**
   Du kannst ruhig tierische Produkte essen. Aber bedenke: Je mehr du davon konsumierst, desto weniger Platz bleibt für ballaststoffreiche pflanzliche Lebensmittel.

   Versuche, mehr als die Hälfte der Woche ohne tierische Produkte auszukommen.

   Halte den Verzehr von rotem Fleisch gering und iss nicht mehr als eine handtellergroße Portion pro Woche.

4. **Mehr Hülsenfrüchte**
   Mische sie in Salaten, Suppen und Currys.

   Probiere Nudeln aus Kichererbsen oder grünen Erbsen.

5. **Der optimale Teller**
   Die Hälfte des Tellers mit Obst und Gemüse füllen, ein Viertel mit Proteinen und ein weiteres Viertel mit Vollkornprodukten.

   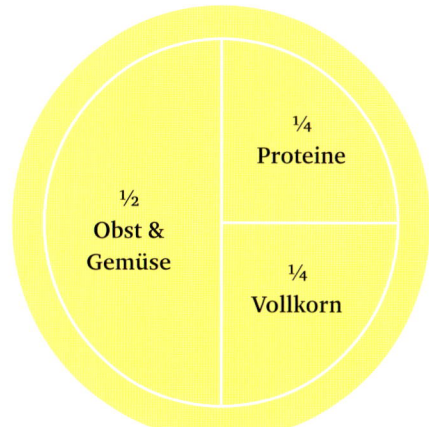

   ½ Obst & Gemüse | ¼ Proteine | ¼ Vollkorn

6. **Gesunde Alternativen**
   Iss weniger hochverarbeitete Produkte, dafür aber mehr vollwertige. Tausche weißen Reis gegen braunen, gezuckerten Joghurt gegen Naturjoghurt, und koche deine Nudelsauce selbst, statt ein Fertigprodukt zu kaufen.

2 Abwechslung

Eine abwechslungsreiche Ernährung ist der Schlüssel zu einer guten Darmgesundheit und damit auch zur allgemeinen Gesundheit. Die Darmbakterien brauchen ein vielfältiges Angebot an Ballaststoffen, um sich zu ernähren, und unser Körper braucht ein vielfältiges Angebot an Nährstoffen, um zu funktionieren. Ist die Artenvielfalt im Darm gering, steigt die Anfälligkeit für Krankheiten. Mit einem vielfältigen Mikrobiom sind wir besser in der Lage, uns von ungesunden Schwankungen in der Ernährung zu erholen und den umweltbedingten und biologischen Herausforderungen des täglichen Lebens zu widerstehen. Immer wieder begegne ich in meiner Praxis Menschen, die sich nur von einem begrenzten Repertoire an Lebensmitteln ernähren und sich gar nicht bewusst sind, wie sehr sie damit ihre Gesundheit schwächen.

Die Vielfalt der verzehrten Lebensmittel hat erheblichen Einfluss auf die bakterielle Vielfalt im Darm. Doch durch den modernen Lebensmittelhandel und die industrielle Landwirtschaft steht uns heute eine viel geringere Vielfalt an Obst und Gemüse zur Verfügung als unseren Vorfahren. Technisierte Kulturmethoden und der Wunsch nach globaler Verfügbarkeit von Lebensmitteln haben die Vielfalt schrumpfen lassen. So wird zum Beispiel bevorzugt eine standardisierte Sorte orangefarbener Karotten angebaut – zulasten anderer Sorten. Laut den Vereinten Nationen hat sich seit 1900 die Pflanzenvielfalt um 70 % verringert. Wir müssen uns dringend bemühen, diese Vielfalt wiederherzustellen.

Regenbogenbunt essen – mindestens 5 am Tag

Der Körper braucht ein breites Spektrum an Nährstoffen, um optimal versorgt zu sein und störungsfrei zu funktionieren. Die Farben von Obst und Gemüse sagen etwas über die darin enthaltenen Nährstoffe aus, vor allem über die sekundären Pflanzenstoffe und Antioxidantien. Sie sind notwendig für die Gesundheit von Haut, Muskeln und Zellen sowie zur Bekämpfung von Infektionen, zur Unterstützung des Immunsystems und eines artenreichen Darmmikrobioms. Darum ist es so wichtig, dass es auf dem Speiseplan bunt zugeht.

Die empfohlene Menge an Obst und Gemüse sind 5 Portionen pro Tag. Doch es sollten besser 7–10 Portionen pro Tag sein. Versuche also, täglich mindestens eine Portion aus jeder der genannten Farbgruppen zu essen (Portionsgrößen Seite 22).

Grün

Artischocke
Blumenkohl
Brokkoli
Brunnenkresse
Chinakohl
Grüne Paprika
Grünkohl
Gurke
Kiwi
Kopfsalat
Lauch
Okra
Pak Choi
Rosenkohl
Rucola
Spargel
Spinat
Spitzkohl
Staudensellerie
Weißkohl
Wirsing
Zucchini

Rot

Erdbeeren
Himbeeren
Kirschen
Radicchio
Radieschen
Rhabarber
Rote Äpfel
Rote Chilischoten
Rote Paprika
Rote Weintrauben
Rote Zwiebeln
Tomaten
Wassermelone

Violett/Blau

Auberginen
Blaue Weintrauben
Brombeeren
Heidelbeeren
Pflaumen
Rote Bete
Rotkohl
Violetter Spargel

Orange/Gelb

Ananas
Aprikose
Cantaloupe-Melone
Grapefruit
Karotten
Kürbis
Mais
Mangos
Nektarinen
Orangen
Pfirsiche
Süßkartoffeln
Zitronen

Braun/Weiß

Bananen
Blumenkohl
Braune Birnen
Datteln
Ingwer
Kartoffeln
Knoblauch
Mairübchen
Pastinaken
Pilze
Weiße Pfirsiche
Zwiebeln

10 Tipps für mehr Vielfalt auf dem Teller

1. **Verschiedene Getreidearten probieren**, z. B. Quinoa statt Reis, Haferflocken statt gekauftem Müsli. Oder mal Dinkel oder Gerste in Suppe und Salat mischen. Selteneres Getreide findest du in Bioläden und online.
2. **Verschiedene Zubereitungsarten:** Heute das Gemüse braten, morgen dünsten und übermorgen roh essen.
3. **Regenbogenbunt:** Versuche, alle Farben in den Einkaufswagen und mindestens drei auf deinen Teller zu legen (siehe Liste linke Seite).
4. **Ein Glas mit Körnermischung** auf den Tisch stellen. So vergisst du garantiert nicht, sie über dein Essen zu streuen.
5. **Fertige Mischungen** von Früchten, Gemüse, Nüssen, Samen oder Hülsenfrüchten kaufen.
6. **Döschen mit getrockneten Kräutern und Gewürzen** auf die Arbeitsfläche stellen, um sie regelmäßiger zu verwenden. Beginne am besten mit einer Kräutermischung und kaufe nach und nach weitere Kräuter und Gewürze zu. Zimt beispielsweise passt gut zu Porridge, Kräutermischung in ein Salatdressing.
7. **Einen Wochentag festlegen,** an dem du eine neue Obst- oder Gemüsesorte probierst.
8. **Am Wochenanfang** eine große Menge gemischtes Gemüse braten, z. B. rote Zwiebeln, Paprika und Kürbis. Die gebratene Mischung bewahrst du dann im Kühl- oder Gefrierschrank auf. So hast du immer etwas zur Hand.
9. **Jede Woche** ein neues Rezept ausprobieren.
10. **Saisonal essen**: Setze eine saisonale Zutat auf deine Einkaufsliste oder buche ein Gemüsekisten-Abo. Saisonales Essen fördert die Vielfalt und Abwechslung in der Ernährung, voll ausgereiftes Obst und Gemüse aus der Region ist nährstoffreicher als Importware. Außerdem lernst du so neue Sorten kennen. Und wenn du mal nicht weißt, was du mit einer Gemüseart anfangen sollst: Suppe oder Pasta gehen immer.

Mehr Polyphenole

Polyphenole sind Stoffe, die von Pflanzen gebildet werden, um sich vor Bakterien, Viren und Pilzen zu schützen. Farbe und Art eines Lebensmittels verraten, welche dieser Pflanzenstoffe darin enthalten sind. Manche wirken als Antioxidantien, andere schützen Nährstoffe oder beugen der Bildung krebserregender Stoffe vor. Antioxidantien helfen, die Zellen vor Schäden zu schützen, die durch freie Radikale verursacht werden. Wenn sich freie Radikale ansammeln, können sie oxidativen Stress verursachen. Dieser wiederum kann die DNA und andere wichtige Strukturen in den Zellen schädigen, Entzündungen fördern, den Alterungsprozess beschleunigen und verschiedene Gesundheitsstörungen begünstigen.

Wo stecken Polyphenole drin?

Obst
Heidelbeeren, schwarze Johannisbeeren, Pflaumen, Kirschen, Brombeeren, Erdbeeren, Himbeeren, blaue Weintrauben, Äpfel

Gemüse und Hülsenfrüchte
Spargel, Brokkoli, Spinat, rote Zwiebeln, Chicorée, Artischocken, grüne Oliven, schwarze Oliven, weiße und schwarze Bohnen

Nüsse und Samen
Leinsamen, Haselnüsse, Pekannüsse, Mandeln, Kastanien

Kräuter und Gewürze
Basilikum, Minze, Oregano, Rosmarin, Salbei, Thymian, Ingwer, Kapern, Kümmel, Selleriesamen, Gewürznelken, Sternanis, Zimt, Currypulver

Öle
Natives Olivenöl extra

Getränke
Filterkaffee, schwarzer und grüner Tee, Kakao (mind. 75 % Kakaoanteil), Rotwein

30 pro Woche

Zwar ist »5 am Tag« (besser 7–10 am Tag) eine bekannte Faustregel, sie lässt aber die verschiedenen Arten von pflanzlichen Lebensmitteln außer Acht, die unser Darmmikrobiom zum Gedeihen braucht. In einem internationalen Forschungsprojekt fanden Wissenschaftler heraus, dass idealerweise 30 oder mehr verschiedene Pflanzenarten pro Woche verzehrt werden sollten. Sie liefern eine ausreichend breite Palette von Vitaminen, Mineralstoffen und Phytonährstoffen und stehen auch mit der Produktion von kurzkettigen Fettsäuren (SCFA) in Zusammenhang. Deren gesundheitliche Vorteile sind hinreichend bekannt (Seite 18).

Wie vielfältig isst du?

Was zählt?

Für Gemüse, Obst, Vollkornprodukte, Hülsenfrüchte, Nüsse und Samen gibt es 1 Punkt pro Portion, für Kräuter und Gewürze ¼ Punkt pro Portion.

Notiere die verschiedenen pflanzlichen Lebensmittel, die du pro Woche isst, und zähle sie am Ende zusammen.
Diese Liste ist nicht vollständig. Wenn du also pflanzliche Lebensmittel gegessen hast, die hier nicht aufgeführt sind, schreibe sie unter »andere« dazu.

1 2 3 4 5 6 7

Gemüse (frisch oder TK)

Kohlgemüse: Rucola, Brokkoli, Sprossenbrokkoli, Rosenkohl, Kohl, Blumenkohl, Grünkohl, Pak Choi, Chinakohl, Mairübchen, Rettich, Steckrübe, Brunnenkresse

Blattgemüse: Spinat, Kopfsalat, Mangold

Salat: Radieschen, Sellerie, Gurke, Radicchio

Zwiebel & Co: (Frühlings-)Zwiebeln, Lauch, Knoblauch

Wurzelgemüse: Karotten, Pastinaken, Knollensellerie, Radieschen, Rote Bete, Rüben

Paprika, rote Chili

Erbsen

Pilze

Tomaten

Avocado

Auberginen, Zucchini

1 2 3 4 5 6 7

Mais

Spargel, Artischocken, Sellerie

Andere

Obst (frisch oder TK)

Zitrusfrüchte: Zitronen, Orangen, Grapefruit

Beeren: Heidelbeeren, Erdbeeren, Himbeeren, Brombeeren

Baumobst: Äpfel, Birnen, Aprikosen, Kirschen, Nektarinen, Pfirsiche, Pflaumen, Trauben

Bananen

Kiwis, Mangos, Ananas

Melone, Wassermelone

Andere

2. ABWECHSLUNG

1 2 3 4 5 6 7

Vollkornprodukte

    Haferflocken (kernige/zarte)

    Reis (schwarzer, brauner oder wilder Reis ist nahrhafter als weißer)

    Haferkuchen

    Quinoa, Buchweizen, Dinkel, Gerste, Bulgur

    Vollkornweizenmehl

    Vollkorn-Nudeln

    Andere

Hülsenfrüchte (Dose oder getrocknet und eingeweicht)

    Kichererbsen

    Linsen

    Bohnen (schwarze, weiße, Riesen-, Augen-, Kidney-, Pinto-, Mungbohnen, Edamame)

    Andere

1 2 3 4 5 6 7

Nüsse und Samen (ungeröstet und ungesalzen)

    Mandeln, Haselnüsse, Walnüsse, Pekannüsse, Paranüsse, Cashewkerne, Erdnüsse

    Andere

Kräuter und Gewürze (frisch oder getrocknet)

    Zimt, Gewürznelken, Muskatnuss, Sternanis, Ingwer

    Paprika, Chilipulver/-flocken, Currypulver, Kreuzkümmel

    Petersilie, Koriander, Basilikum, Oregano, Salbei, Rosmarin

    Minze

    Andere

< 10	Dir fehlt es an Abwechslung
10–19	Es könnte noch abwechslungsreicher sein
20–29	Guter Weg, dranbleiben!
30+	Vielfältiger geht es kaum

Obst   Gemüse   Vollkorn

Hülsenfrüchte   Nüsse und Samen   Kräuter und Gewürze

Auf die Zubereitung achten

Die Art und Weise der Zubereitung kann den Nährstoffgehalt von Lebensmitteln stark beeinflussen. Obwohl manche Lebensmittel leichter verdaulich sind, wenn man sie kocht, können durch das Erhitzen auch Vitamine und Mineralstoffe verloren gehen. Deshalb die Zubereitungsarten variieren.

Roh essen
Rohes Obst und Gemüse enthält Vitamine und Mineralstoffe in ihrer optimalen Form. Einige Nährstoffe, wie das antioxidative Betacarotin in Karotten, werden jedoch durch Garen leichter für den Körper verfügbar. Darum sollte man Lebensmittel auf verschiedene Weise zubereiten.

Erhitzen in der Mikrowelle
Durch die kurze Garzeit bleiben die meisten Nährstoffe erhalten.

Dämpfen
Benötigt kein Fett und ist eine der besten Zubereitungsarten, um Nährstoffe zu schonen.

Backen
Praktisch fettfrei und eine gute Möglichkeit, Nährstoffe zu erhalten.

Kochen
Vitamin C und B-Vitamine sind hitzeempfindlich und können beim Kochen teilweise abgebaut werden.

Rösten im Ofen
Abgesehen von B-Vitaminen sind die Vitaminverluste meist nur gering.

Braten in der Pfanne
Hat kaum Auswirkungen auf den Mineralstoffgehalt der Lebensmittel, Vitamin C und B-Vitamine bleiben erhalten. Durch die hohe Temperatur und die kurze Garzeit gehen weniger hitzeempfindliche Vitamine verloren als bei anderen Garverfahren. Das Braten in der Pfanne benötigt nur wenig Öl – anders als das Frittieren.

Frittieren
Diese Zubereitungsart empfehle ich nicht! Viele Lebensmittel saugen Fett auf, sodass ihr Kaloriengehalt zwei- bis dreimal so hoch liegen kann wie beim Kochen oder Backen.

Nichts verschwenden

Wer auf das Schälen von Obst und Gemüse verzichtet, spart nicht nur Zeit und Arbeit. Denn in der Schale stecken wertvolle Nährstoffe, insbesondere Ballaststoffe und Antioxidantien. Sie sollte deshalb nicht verschwendet werden! Brate also Butternusskürbis oder (Süß-)Kartoffeln mit Schale, gib Sellerieblätter mit in den Salat, bürste Karotten ab, wirf Brokkolistiele nicht weg und iss auch die Blätter vom Blumenkohl.

Meiden, was die Artenvielfalt im Darm einschränkt

Hochverarbeitete Lebensmittel
Chips, Süßigkeiten, Backwaren und Fertiggerichte liefern einen Großteil der unerwünschten Kalorien in unserer Ernährung. Ihnen wurde ein Großteil der Ballaststoffe des ursprünglichen Lebensmittels entzogen (dabei sind Ballaststoffe so wichtig, Seite 18). Außerdem enthalten sie zugesetztes Salz (schätzungsweise drei Viertel des Salzes in unserer Ernährung stammen aus verarbeiteten und hochverarbeiteten Lebensmitteln), Zucker und unerwünschte Fette, Chemikalien und Zusatzstoffe, die das Darmmikrobiom stören können.

Salz

Jüngsten Studien zufolge könnte das Darmmikrobiom eine Rolle für den Zusammenhang zwischen Salz und Bluthochdruck spielen, denn ein hoher Salzkonsum reduziert bestimmte gesundheitsfördernde Darmbakterien. Die Weltgesundheitsorganisation (WHO) empfiehlt für Erwachsene höchstens 5 g Salz pro Tag. Vorsicht ist geboten bei Produkten wie Sojasauce, eingelegtem Gemüse, Fleisch- und Wurstwaren, Snackriegeln, Fertiggerichten, Keksen, Kuchen, Chips und Brot. In der Zutatenliste ist Salz oft als Natrium angegeben. In diesem Fall muss der Natriumgehalt mit 2,5 multipliziert werden, um den Salzgehalt zu ermitteln. Am einfachsten lässt sich der Salzkonsum reduzieren, indem du weniger verarbeitete Lebensmittel isst und beim Kochen wenig Salz verwendest. Die Geschmacksknospen gewöhnen sich schnell daran.

Alkohol

Menschen vertragen Alkohol unterschiedlich gut, denn für seine Verstoffwechselung sorgen die Bakterien im Darm. Wenn also viele oder wenige nützliche Bakterien vorhanden sind, wirkt sich das darauf aus, wie effektiv wir Alkohol abbauen. Ein mäßiger Alkoholkonsum kann sich zwar positiv auf die Gesundheit auswirken, aber die Risiken eines übermäßigen Alkoholkonsums sind hinlänglich bekannt. Deine Darmbakterien lieben zwar Polyphenole aus Rotwein, doch zu viel davon wird den Nutzen schnell zunichtemachen. Übermäßiger Alkoholkonsum hemmt die Produktion von Verdauungsenzymen und -säften und erschwert die Verdauung der Nahrung. Unvollständig verdaute Nahrung kann zu übermäßiger Gärung im Darm, zu Blähungen und Durchfall führen. Darüber hinaus kann übermäßiger Alkoholkonsum Entzündungen im Darm sowie eine bakterielle Überbesiedelung und Dysbiose (Seite 44) verursachen.

Es gibt keine offiziellen Richtlinien der WHO für den maximalen Alkoholkonsum, sodass jedes Land seine eigenen Empfehlungen festgelegt hat. In Großbritannien liegt die empfohlene Höchstmenge bei 14 Einheiten Alkohol pro Woche, wobei nicht zwischen Männern und Frauen unterschieden wird. Damit gilt in Großbritannien die weltweit niedrigste empfohlene Obergrenze für Männer. Die australischen Richtlinien sind ebenfalls für beide Geschlechter gleich und empfehlen, dass gesunde Erwachsene nicht mehr als 10 Standardgetränke (17,5 Einheiten) pro Woche konsumieren sollten. In den USA wird für Frauen maximal 1 Getränk pro Tag empfohlen, was etwa 12,3 Einheiten pro Woche entspricht. Für Männer liegt der US-Grenzwert bei 2 Getränken pro Tag (maximal 24,5 Einheiten pro Woche). In Europa sind die Richtlinien sehr unterschiedlich, wobei Italien und Spanien einige der höchsten Höchstwerte für Männer und Frauen haben (35 bzw. 31,5 und 21 bzw. 21,3 Einheiten pro Woche). Deutschland gehört zu den Ländern mit den niedrigsten Empfehlungen: Männer sollten nicht mehr als 2 Standardgetränke zu sich nehmen, Frauen nicht mehr als eins. Zudem werden für alle 2 alkoholfreie Tage pro Woche empfohlen. Das entspricht 21 Einheiten pro Woche für Männer und 10,5 Einheiten pro Woche für Frauen.

Alkohol-Grenzwerte international

Empfohlene wöchentliche Obergrenzen in Einheiten (8 g) für Männer und Frauen.

Land	Frauen	Männer
Großbritannien	14	14
USA	12.3	24.5
Frankreich	17.5	26.3
Irland	13.75	21.3
Australien	17.5	17.5
Deutschland	10.5	21
Italien	21	31.5
Spanien	21.3	35

Künstliche Süßstoffe

Einige Forschungsergebnisse deuten darauf hin, dass künstliche Süßstoffe nicht gut für das Darmmikrobiom sind und die Zunahme einer Bakterienart begünstigen, die mit Fettleibigkeit in Verbindung gebracht wird. Einige künstliche Süßstoffe können die Verdauung stören und bei übermäßigem Verzehr abführend wirken. Ein entsprechender Warnhinweis ist vorgeschrieben.

Zucker kann Lebensmitteln in vielen Formen zugesetzt werden: Fruktose, Saccharose, Glukose, Fruchtsaft, Honig, Ahornsirup, Maissirup mit hohem Fruktosegehalt und andere. Die WHO empfiehlt, dass nicht mehr als 5 % der täglichen Energiezufuhr aus freien Zuckern (Seite 15) stammen sollte.

Medikamente (insbesondere Antibiotika)
Die Einnahme von Antibiotika kann das Darmmikrobiom drastisch verändern. Antibiotika können dazu führen, dass nützliche Bakterien absterben, was zu einer Verschiebung des Stoffwechsels führt, die Anfälligkeit für die Besiedlung mit schlechten Darmbakterien erhöht und die Entwicklung einer Antibiotikaresistenz fördert. Aber Antibiotika lassen sich nicht immer vermeiden. Nachfolgend einige Möglichkeiten, wie du deinen Darm während der Einnahme von Antibiotika unterstützen kannst.

Gesunder Darm trotz Antibiotika

Nimm ein Probiotikum mit a) *Saccharomyces boulardii* oder b) *Lactobacillus rhamnosus GG* mit einer Dosis von a) 5 Milliarden KBE (koloniebildende Einheiten) zweimal täglich oder b) 6 Milliarden KBE zweimal täglich. Beginne mit der Einnahme, sobald du mit den Antibiotika beginnst, und setze sie noch eine Woche lang fort, nachdem du die Antibiotika abgesetzt hast.

Nimm das probiotische Präparat mindestens 2 Stunden vor den Antibiotika ein. Idealerweise 2 Stunden nach dem Frühstück und Abendessen.

Wenn das Immunsystem geschwächt ist, z. B. während einer Krebstherapie, sprich vorher unbedingt mit deinem Arzt.

Drogen und Nikotin
Durch welche Mechanismen Drogen und Nikotin das Darmmikrobiom stören, ist noch nicht vollständig geklärt. Doch Studien deuten auf einen Zusammenhang zwischen ihnen und einer Dysbiose (Ungleichgewicht des Mikrobioms, Seite 44) hin. Auch wegen der sonstigen negativen Auswirkungen auf die Gesundheit ist es ratsam, Drogen und Nikotin ganz zu meiden.

Bewegungsmangel
Studien deuten darauf hin, dass die Darmbakterien von Menschen, die sich regelmäßig bewegen, mehr kurzkettige Fettsäuren (SCFAs) produzieren als bei Menschen, die hauptsächlich sitzen. SCFAs halten unter anderem die Darmschleimhaut gesund und regulieren das Immunsystem. Das bedeutet jedoch nicht, dass man sich im Fitnessstudio abkämpfen muss, aber der Körper bewegt sich gern. Ob du spazieren gehst oder einen Kurs besuchst: am besten jeden Tag bewegen!

Stress
Es ist erwiesen, dass Stresshormone die Zusammensetzung der Darmflora verändern können und dass andererseits das Darmmikrobiom stressbedingte Verhaltensweisen beeinflussen kann. Hier besteht also eine Wechselwirkung: Stress beeinflusst den Darm und umgekehrt. Stress zu reduzieren ist leichter gesagt als getan, aber wenn es gelingt, nützt es der Darmgesundheit. Entspannende Aktivitäten wie Spazierengehen, Atemübungen, Yoga, Meditation oder das Hören von Podcasts aktivieren das parasympathische Nervensystem (PNS), das die Ruhe- und Verdauungsreaktion steuert (und die Verdauung fördert), während das sympathische Nervensystem (SNS) die Kampf- oder Fluchtreaktion steuert. Die beiden Systeme können nicht gleichzeitig aktiviert werden. Im modernen Leben tun wir viel, um unser sympathisches Nervensystem zu stimulieren, aber zu wenig, um unser parasympathisches Nervensystem zu unterstützen. Wer mit Stress zu kämpfen hat, sollte bewusst Aktivitäten einplanen, die den Parasympathikus unterstützen.

Aktiv werden

Eine gute Darmgesundheit muss nicht zeitaufwendig oder kostspielig sein. Teure Nahrungsergänzungsmittel brauchst du nicht.

1. **Iss regenbogenbunt**
   Versuche, 7–10 verschiedene Obst- und Gemüsesorten pro Tag zu essen, in möglichst vielen Farben (Seite 26).

2. **Dein Ziel: 30 Punkte pro Woche**
   Schon einfache Veränderungen können viel bewirken. Tipps für mehr Abwechslung findest du auf Seite 27.

3. **Überprüfe, wie vielfältig du isst**
   Wenn du das regelmäßig tust, ist es leichter, auf dem richtigen Weg zu bleiben (Seite 28–29).

4. **Iss saisonal und regional**
   Das ist gut für eine abwechslungsreiche Ernährung und auch für die Umwelt.

5. **Verzichte auf alles, was die Artenvielfalt im Darm einschränkt**
   Dazu gehören zum Beispiel hochverarbeitete Lebensmittel, Salz, Zucker, Alkohol, künstliche Süßstoffe, Medikamente (soweit möglich), Bewegungsmangel und Stress.

Gesunde Fette

Jahrzehntelang wurde Fett verteufelt. Dabei sind gesunde Fette für unseren Körper unverzichtbar, damit er reibungslos funktioniert. So helfen sie bei der Aufnahme der fettlöslichen Vitamine E, D, A und K, sind unerlässlich für Aufbau und Funktion der Zellmembranen, für die Hormonproduktion sowie für Entwicklung und Funktion des Gehirns. Die Weltgesundheitsorganisation (WHO) empfiehlt, dass Erwachsene mindestens 15 % ihrer täglichen Energie aus Fett beziehen sollten. Das sind für Frauen etwa 30 g pro Tag und für Männer 40 g pro Tag.

Mit dem wachsenden Bewusstsein für den Gesundheitswert von Fetten haben aber auch die widersprüchlichen Informationen darüber zugenommen, welche Fette wir zu uns nehmen sollten. Die Aussagen in den Medien dazu sind oft verwirrend. Oft werden alle Fette in einen Topf geworfen, obwohl es in Wirklichkeit viele verschiedene Arten gibt. Und seit bekannt ist, dass ein Zusammenhang zwischen Herzkrankheiten und Fetten besteht, versuchen Wissenschaftler zu ergründen, welche Rolle Fette für die Förderung oder Schädigung der Gesundheit spielen. Tatsächlich ist es schwierig, die Forschungsergebnisse verständlich zu erklären, ohne sie übermäßig zu vereinfachen.

Die Sache mit den Fetten

Es gibt zwei Hauptarten von Nahrungsfetten: gesättigte und ungesättigte. Bei den ungesättigten Fetten unterscheidet man weiterhin zwischen einfach und mehrfach ungesättigten. Die meisten Lebensmittel enthalten eine Mischung aus allen drei Arten.

Gesättigte Fette

Sie kommen hauptsächlich in tierischen Quellen wie Butter, Sahne, Käse, fettem Fleisch und Wurstwaren vor. Weiterhin sind sie die vorherrschende Fettart in einigen Pflanzenölen wie Kokosöl. Sie sind bei Zimmertemperatur fest und bei hohen Temperaturen stabil. Instabile Fette können beim Erhitzen beschädigt werden. Dabei entstehen freie Radikale, die zur Entstehung vieler chronischer Gesundheitsprobleme wie Herz-Kreislauf-Erkrankungen, Entzündungen und Krebs beitragen können.

Ungesättigte Fette

Einfach ungesättigte Fettsäuren

Sie sind in Ölsäure (in Olivenöl), Avocados, Nüssen, Samen, Rapsöl, Nussöl und Fischöl enthalten und sind bei Zimmertemperatur typischerweise flüssig. Einfach ungesättigte Fette sind beim Erhitzen in der Regel relativ stabil.

Mehrfach ungesättigte Fettsäuren

Sie sind in fettem Fisch, Walnüssen, Leinsamen, Sonnenblumenkernen und Pflanzenöl enthalten. Man unterscheidet hier zwischen Omega-3- und Omega-6-Fettsäuren. Je mehr die Forschung über Omega-3-Fettsäuren voranschreitet, desto besser deutlicher wird, welch wichtige Rolle sie im Körper spielen und wie viele gesundheitliche Vorteile sie haben. So sind Omega-3-Fettsäuren wichtig für das Immunsystem, die Produktion von Hormonen, die Blutgerinnung, das Zusammenziehen und Entspannen der Arterienwände und für die Entzündungshemmung, um nur einige zu nennen.

Künstliche Transfette

Das sind die ungesündesten Fette. Da sie im Ruf stehen, den LDL-Cholesterinspiegel zu erhöhen, sind sie in mehreren Ländern ganz verboten, darunter Dänemark, die Schweiz, Österreich und einige US-Bundesstaaten, darunter New York und Kalifornien. In anderen Ländern sind die Lebensmittelunternehmen aufgefordert, den Transfettgehalt ihrer Produkte auf freiwilliger Basis zu reduzieren. Forschungsergebnisse zeigen, dass künstliche Transfette das schlechte Cholesterin erhöhen, das gute Cholesterin senken und so das Risiko einer koronaren Herzerkrankung erhöhen.

Künstliche Transfette entstehen durch ein industrielles Verfahren, bei dem Pflanzenöl mit Wasserstoff versetzt wird, wodurch das Öl bei Zimmertemperatur fest wird (z. B. Margarine). Dieses gehärtete Öl ist preiswert und verdirbt weniger leicht, sodass Lebensmittel wie Gebäck und Kuchen, die damit hergestellt werden, länger haltbar sind. Einige Restaurants setzen gehärtetes Pflanzenöl auch zum Frittieren ein, weil es nicht so oft gewechselt werden muss wie andere Öle. Es wird auch als Emulgator verwendet und steckt in vielen anderen verarbeiteten Lebensmitteln, z. B. in Trinkschokolade, Eiscreme und verarbeiteten Kartoffelprodukten wie Rösti und Chips.

Einige Fleisch- und Molkereiprodukte enthalten eine geringe Menge natürlich vorkommender Transfette, die nicht künstlich hergestellt sind. Noch ist unklar, wie sich diese Transfette auf die Gesundheit auswirken, sie scheinen jedoch keinen Anlass zu Sorge zu geben.

Cholesterin

Cholesterin ist ein fettartiger Naturstoff, der in der Leber gebildet wird und auch in einigen Lebensmitteln vorkommt. Cholesterin spielt eine bedeutende Rolle für die Funktionen des Körpers. Es befindet sich in jeder Zelle des Körpers und ist unentbehrlich für Gehirn, Nerven und Haut. Es ist erwiesen, dass der Verzehr von Eiern oder anderen cholesterinreichen Lebensmitteln den Cholesterinspiegel im Blut nicht ansteigen lässt. Etwa 80 % des Cholesterins in unserem Körper wird in der Leber gebildet, stammt also nicht direkt aus der Nahrung. Der Körper produziert Cholesterin in viel größeren Mengen als wir essen, Lebensmittel mit hohem Cholesteringehalt beeinflussen den Cholesterinspiegel im Blut nur geringfügig. Man unterscheidet zwei Haupttypen von Cholesterin:

LDL-Cholesterin (Low Density Lipoprotein)

Dies wird oft als »schlechtes« Cholesterin bezeichnet, weil ein Zuviel zu gesundheitlichen Problemen führen kann. Seine Aufgabe ist es, das Cholesterin zu den Zellen zu bringen, wo es gebraucht wird. Wenn sich jedoch zu viel LDL-Cholesterin im Blut befindet, kann es sich in den Arterien ablagern und diese verstopfen.

3. GESUNDE FETTE

HDL-Cholesterin (High Density Lipoprotein)
Dieses »gute« Cholesterin trägt zur Krankheitsvorbeugung bei. Es enthält viel Protein und sehr wenig Cholesterin. Seine Aufgabe besteht darin, Cholesterin aus den Zellen zurück zur Leber zu transportieren, wo es abgebaut und aus dem Körper ausgeschieden werden kann.

Noch mehr über Cholesterin

Bei Cholesterintests werden neben dem Gesamtcholesterin auch die einzelnen Typen ermittelt. Es ist möglich, einen gesunden Gesamtcholesterinwert (TC) zu haben, aber ein ungesundes Gleichgewicht der verschiedenen Cholesterinarten. Wer einen Cholesterintest machen lässt, sollte sich das Ergebnis immer vom Arzt erklären lassen, um Verwirrung und unnötige Sorgen zu vermeiden.

Gesättigte Fette erhöhen zwar nachweislich das LDL (schlechtes Cholesterin), verbessern aber auch die Qualität des LDL und erhöhen seine Größe, sodass es weniger wahrscheinlich ist, dass es Herzkrankheiten fördert. Sie erhöhen auch das HDL (gutes Cholesterin). Letztlich sagt das Verhältnis von Gesamtcholesterin zu LDL-Cholesterin und von Gesamtcholesterin zu Anzahl und Größe der LDL-Partikel weitaus mehr über das Infarktrisiko aus als das LDL selbst.

5 Tipps für bessere Cholesterinwerte

1. Violettes Obst und Gemüse essen, es ist reich an Anthocyanen. Diese Gruppe von Antioxidantien kann zur Erhöhung des HDL-Cholesterinspiegels beitragen.
2. Mehr Omega-3-reichen fetten Fisch essen, am besten bis zu zweimal pro Woche. Dies kann zur Erhöhung des HDL-Cholesterinspiegels beitragen und die Herzgesundheit fördern.
3. Transfette meiden. Sie können das Gesamtcholesterin und das LDL-Cholesterin erhöhen, aber das HDL-Cholesterin senken.
4. Mehr Hülsenfrüchte essen. Sie senken nachweislich den LDL-Spiegel.
5. Mehr einfach ungesättigte Fetten essen, z. B. aus Olivenöl, Avocados und Nüssen. Diese Fettart ist gesund, da sie das schädliche LDL-Cholesterin senkt, das gute HDL-Cholesterin erhöht und die schädliche Oxidation verringert.

Art des Fetts	Quelle	Pro	Contra	Verwendung
Gesättigt	Tierische Quellen wie Butter, Sahne, Käse, fettes Fleisch und verarbeitetes Fleisch, Hauptfett in einigen Pflanzenölen wie Kokosöl	Bei Zimmertemperatur fest und bei Erhitzung stabil	Kann Herzkrankheiten begünstigen	Selten, als Extra
Ungesättigt				
Einfach ungesättigt	Enthalten in Ölsäure (in Olivenöl), Avocados, Nüssen, Samen, Rapsöl, Fisch- und Nussöl	Gut für die Herzgesundheit	Einige Öle können leicht oxidieren	Kalt im Salat, zum Garen bei niedrigen Temperaturen und zum Verzehr als Vollwertkost
Mehrfach ungesättigt	Enthalten in Fettfisch, Walnüssen, Leinsamen, Sonnenblumenkernen und Pflanzenölen	Viele Vorzüge für die Gesundheit	Können beim Erhitzen instabil sein	Vollwertiges Lebensmittel
Andere				
Künstliche Transfette	Hauptsächlich in verarbeiteten Lebensmitteln und frittierten Produkten	Keine	Können Herzkrankheiten begünstigen	Nie

Was lief falsch?

Jahrzehntelang wurde empfohlen, von gesättigten Fetten auf die »gesünderen« ungesättigten Fette umzusteigen. Dadurch stieg der Konsum von ungesättigten Omega-6-reichen Pflanzenölen und transfettreichen pflanzlichen Brotaufstrichen stark an. Sie sind jedoch instabil und tun dem Körper nicht gut.

Ein Übermaß an Omega-6-Fettsäuren hebt auch die Vorteile und die Verfügbarkeit der entzündungshemmenden Omega-3-Fettsäuren auf, und begünstigt Entzündungsprozesse im Körper. Für eine optimale Gesundheit müssen Omega-6 und Omega-3-Fettsäuren jedoch in einem ausgewogenen Verhältnis verzehrt werden.

Ist Fett also ungesund?

Die Vorstellung »Fett ist schlecht« ist weitgehend widerlegt worden. Fett ist unerlässlich für unsere Gesundheit. Eine vollwertige Ernährung beschränkt sich nicht nur auf eine Art von Fett. Die Natur bietet uns gesättigte, einfach ungesättigte und mehrfach ungesättigte Fette. Olivenöl zum Beispiel besteht zu 75 % aus einfach ungesättigten, zu 14 % aus gesättigten und zu 11 % aus mehrfach ungesättigten Fettsäuren.

Obwohl es keine eindeutigen Daten darüber gibt, wie viele gesättigte Fettsäuren wir zu uns nehmen sollten, sind sich die meisten Experten einig, dass ein Übermaß schlecht für unser Herz ist. Die WHO rät, die Aufnahme von gesättigten Fetten auf höchstens 10 % der Gesamtenergiezufuhr zu beschränken und die Aufnahme von Transfetten auf weniger als 1 % der Gesamtenergiezufuhr. Dabei sollen ungesättigte Fette den gesättigten und den Transfetten vorgezogen werden, um langfristig industriell hergestellte Transfette ganz zu vermeiden.

Organisationen wie die British Heart Foundation und die American Heart Association raten dazu, gesättigte Fette durch ungesättigte Fette zu ersetzen, um das Risiko von Herzerkrankungen zu senken. Empfohlen wird vor allem die Aufnahme von einfach und mehrfach ungesättigten Fetten, insbesondere Omega-3-Fettsäuren (deren Gesundheitsnutzen gut bekannt ist). Dies wird auch vom wissenschaftlichen Beratungsausschuss für Ernährung der britischen Regierung unterstützt. Er kam 2019 zu dem Schluss, dass die Reduzierung gesättigter Fette und deren Ersatz durch mehrfach ungesättigte Fette das Risiko von Herzinfarkten und Schlaganfällen senkt, während der Ersatz von gesättigten Fetten durch einfach ungesättigte Fette das LDL-Cholesterin senkt.

Gute Fette essen

Unter dem Strich bedeutet das also, dass wir mehr Omega-3-reiche Lebensmittel und weniger gesättigte Fette verzehren sollten. Es gilt, künstliche Transfette ganz zu meiden, den Anteil gesättigter Fette auf 10–11 % zu begrenzen und maßvolle Mengen an einfach und mehrfach ungesättigten Fetten zu konsumieren, also vor allem Omega-3-reiche Lebensmittel, idealerweise aus Vollwertkost. Eine Erhöhung der Omega-3-Fettsäuren allein reicht aber nicht aus, um eine schlechte Ernährung oder eine Ernährung mit zu viel gesättigten Fetten auszugleichen.

Zu den besten Quellen für Omega-3-Fettsäuren gehören fette Fische: Lachs, Makrele, Sardellen, Sardinen, Hering und Forelle. Die besten vegetarischen Omega-3-Quellen sind Omega-3-Eier, Chia- und Leinsamen. Die Samen am besten ganz kaufen und selbst mahlen, da sie nach dem Mahlen schnell oxidieren.

Zu den Lebensmitteln mit dem höchsten Anteil an gesättigten Fettsäuren gehören Fleisch, Milchprodukte und Pflanzenöle. Und davon essen viele Menschen zu viel.

5 Tipps gegen künstliche Transfette

1. Frittierte Lebensmittel meiden, stattdessen gegrillte, gedämpfte oder gebackene wählen.
2. Lieber nicht zum Schnellimbiss! Hier wird häufig teilgehärtetes Pflanzenöl zum Frittieren verwendet.
3. Verarbeitete Lebensmittel meiden, vor allem Paniertes.
4. Auf industriell hergestellte Kuchen, Teilchen und Kekse besser verzichten.
5. Mehr Vollkornprodukte, Hülsenfrüchte, Obst und Gemüse essen. Sie enthalten keine künstlichen Transfette.

5 Tipps gegen gesättigte Fette

1. Statt Butter auf dem Brot lieber natives Olivenöl oder zerdrückte Avocado essen.
2. Gemüse nicht in Butter schwenken, sondern in nativem Olivenöl und/oder Zitronensaft.
3. Sahne durch eingeweichte und zerkleinerte Cashewkerne, Mandeln oder Sonnenblumenkerne ersetzen. Alternativ Nussmus verwenden.
4. Käse durch geröstete und zerkleinerte Nüsse, geröstete Samen, Sardellen oder Oliven ersetzen. Nährhefe gibt Gerichten einen »käsigen« Geschmack. Alternativ geschmacksintensive Käsesorten wie Parmesan in kleinen Mengen genießen.
5. Weniger bzw. kein Fleisch und verarbeitete Fleischprodukte essen. Die Fettschicht von Fleisch abschneiden und das Fett von Eintöpfen und Bratensaucen abschöpfen.

3 Tipps für mehr Omega-3-Fette

1. Wer keinen frischen Fisch bekommt, kann zu Fischkonserven, z. B. Sardinen, greifen. Der Fisch sollte in Wasser konserviert sein, da Salzlake viel Salz enthält und die Omega-3-Fettsäuren in Öl verloren gehen können.
2. Muscheln wie frische Miesmuscheln und Austern sind gute Omega-3-Lieferanten und zudem nachhaltig.
3. Leinsamen und Walnüsse sind ebenfalls gute Quellen, obwohl noch nicht klar ist, wie gut der Körper pflanzliche Omega-3-Formen aufnehmen kann.

Öle

Öle enthalten unterschiedliche Anteile an gesättigten und ungesättigten Fetten, sodass manche Öle gesünder sind als andere. Ihre Eignung zum Kochen hängt von verschiedenen Faktoren ab, z. B. dem Gehalt an Antioxidantien, der Herstellung und dem Rauchpunkt. Das Spektrum der Herstellungsmethoden reicht von kalt gepressten Ölen bis zu raffinierten Ölen. Ich persönlich verwende wenn möglich kalt gepresstes Öl.

Herstellungsmethoden

Expeller-Pressung
Bei diesem mechanischen, chemiefreien Verfahren setzt man Nüsse oder Samen Druck aus, um ihr Öl zu gewinnen. Dabei wird keine Hitze von außen zugeführt, es kann aber je nach Härte der Nüsse oder Samen zu einem Temperaturanstieg kommen. Der Druck, der für härtere Nüsse oder Samen erforderlich ist, verursacht mehr Reibung und Hitze.

Kaltpressung
Öl, bei dem während der Expeller-Pressung die Temperatur kontrolliert und unter 50 °C gehalten wird. Da bei diesem Verfahren keine übermäßige Hitze oder chemische Lösungsmittel eingesetzt werden, behalten kalt gepresste Öle ihren ursprünglichen Geschmack und Nährwert sowie ihre antioxidativen Eigenschaften.

Raffinierte Öle
Sie werden bei hohen Temperaturen gewonnen und mit chemischen Lösungsmitteln behandelt, die ihr Aroma, ihren Geschmack und ihre Nährstoffzusammensetzung beeinträchtigen.

Die Verwendung

Natives Olivenöl extra
Es ist zweifellos das beste Öl. Untersuchungen zeigen, dass sein hoher Gehalt an Antioxidantien dieses Öl beim Erhitzen schützt. Natives Olivenöl extra ist gut geeignet zum Kochen (hochwertige Qualitäten vertragen Temperaturen bis 190 °C), aber auch in der kalten Küche für Salate oder zum Dippen mit Brot.

Achte auf die Chargennummer (Codierung für Produkte, die im selben Durchgang mit denselben Zutaten, Teilen oder Materialien hergestellt wurden) und das Erntedatum auf der Flasche. Die Flasche sollte dunkelgrün sein, um Schäden durch UV-Licht zu vermeiden und die Nährstoffe im Öl zu schützen.

Rapsöl und Sonnenblumenöl
Trotz hoher Rauchpunkte enthalten beide Öle einen hohen Anteil an Omega-6-Fettsäuren und oxidieren leicht. Darum stehen sie im Verdacht, entzündliche Prozesse zu begünstigen.

Kokosöl
Dieses Pflanzenöl ist in erster Linie ein gesättigtes Fett und erhöht nachweislich den LDL-Cholesterinspiegel. Darum sollte es nur gelegentlich verwendet werden.

Butter
Auch sie besteht hauptsächlich aus gesättigten Fetten und sollte nur in Maßen verzehrt werden. Andererseits ist sie eine Quelle für Vitamin A und enthält Kalzium. Ich empfehle Bio-Butter aus Weidehaltung (Seite 20).

> **FAKTENCHECK**
>
> **Ist Kokosöl gesund?**
> Kokosöl wird als Superfood angepriesen. Viele angebliche Vorzüge, etwa die Förderung der Gewichtsabnahme oder die Verbesserung der Herzgesundheit, sind aber wissenschaftlich nicht belegt. Wenn du Kokosöl magst, kannst du es in kleinen Mengen im Rahmen einer ausgewogenen Ernährung zu dir nehmen.

8 Tipps für Öl und Fett

1. Sparsam verwenden und vorzugsweise erst nach dem Kochen zu den Gerichten geben.
2. Raffinierte Öle möglichst meiden. Das Etikett prüfen, ob die Extraktion mit Lösungsmitteln durchgeführt wird. Ist nichts angegeben, ist es wahrscheinlich, dass Lösungsmittel verwendet worden sind.
3. Die Beschreibung auf dem Etikett prüfen, ob es sich um eine Mischung aus einem teuren Öl und einem billigeren Öl handelt.
4. Möglichst 100 %iges Bio-Öl, natives Öl extra, kalt gepresstes Öl oder Öl aus Expeller-Pressen wählen. Bio-Öle enthalten normalerweise keine GVO (gentechnisch veränderten Organismen), auch wird bei der Gewinnung kein Hexan eingesetzt.
5. Öle immer in dunklen, weitgehend undurchsichtigen Flaschen aufbewahren, damit sie nicht ranzig werden. (Dabei entstehen freie Radikale, die als krebserregend gelten).
6. Öle nicht auf der Küchenarbeitsplatte oder neben dem Herd aufbewahren.
7. Ölflaschen nach Gebrauch sofort fest verschließen und zurück an ihren Platz stellen. Öl wird schneller ranzig, wenn es Sauerstoff ausgesetzt wird.
8. Öle verderben je nach Sorte innerhalb weniger Monate. Deshalb nur die Menge kaufen, die auch innerhalb von zwei Monaten verbraucht wird.

Aktiv werden

1. **Weniger gesättigte Fette**
   Sie stecken hauptsächlich in tierischen Quellen wie Butter, Sahne, Käse, fettem Fleisch und verarbeiteten Fleischwaren und sind das vorherrschende Fett in einigen Pflanzenölen wie Kokosöl (Seite 39).

2. **Mehr Omega-3-Fettsäuren**
   Die besten Quellen für Omega-3-Fettsäuren sind fettreiche Fische wie Lachs, Makrele, Sardellen, Sardinen, Hering und Forelle. Die besten vegetarischen Omega-3-Quellen sind Omega-3-Eier, Chiasamen und Leinsamen. (Die Samen am besten ganz kaufen und selbst mahlen, da sie nach dem Mahlen schnell oxidieren.)

3. **Am besten natives Olivenöl extra**
   Natives Olivenöl extra ist unbestritten das beste Öl. Es eignet sich perfekt zum Kochen, aber auch in der kalten Küche für Salate oder einfach zum Dippen mit Brot. Achte auf die Chargennummer und das Erntedatum auf der Flasche. Die Flasche sollte grün sein, um Schäden durch UV-Licht zu vermeiden und um die Nährstoffe zu schützen.

4. **Keine Transfette**
   Die Forschung zeigt, dass Transfette gesundheitsschädlich sein und vor allem Herzkrankheiten begünstigen können. In einigen Ländern sind sie ganz verboten (Seite 38).

Fermentiert, präbiotisch und probiotisch

Die Darmgesundheit steht und fällt mit der Vielfalt der darin lebenden Bakterien. Millionen von Bakterien, Viren, Pilzen und anderen Mikroorganismen leben in und auf dem menschlichen Körper. Die Bakterienflora im Dickdarm wird auch als Darmmikrobiom bezeichnet.

Nach heutiger wissenschaftlicher Auffassung ist das Mikrobiom eine eigenständige Einheit. Die darin lebenden Mikroorganismen sind nicht nur zahlreicher als unsere Gene, sondern haben möglicherweise auch einen ebenso großen Einfluss. So helfen sie, Vitamine zu produzieren, unseren Blutzuckerspiegel zu regulieren, Hormonhaushalt und Cholesterinspiegel zu steuern. Sie sind an der Aufnahme und Speicherung von Kalorien beteiligt, schützen uns vor Infektionen, kommunizieren mit unserem Nervensystem und Gehirn und können sogar unsere Knochendichte beeinflussen. Erstaunlich, oder?

Was ist das Darmmikrobiom?

Das Darmmikrobiom wird in den ersten drei Lebensjahren aufgebaut. Die ersten Bakterien stammen aus dem Geburtskanal der Mutter und vom Stillen. Danach nehmen Säuglinge Bakterien über ihre Nahrung, ihre Umwelt und durch Menschen auf, mit denen sie Kontakt haben. Bei Erwachsenen wird das Darmmikrobiom durch Faktoren wie Stress, Schlaf, Ernährung und Lebensstil gestärkt oder geschwächt.

Keine zwei Menschen haben das gleiche Darmmikrobiom, nicht einmal eineiige Zwillinge. Das Darmmikrobiom ist so einzigartig wie ein Fingerabdruck, aber es verändert sich ständig.

Ein artenreicher Darm ist ein gesunder Darm. Je größer die Vielfalt der verschiedenen Mikroorganismen im Darm ist, desto besser können sie als Gesamtheit den ökologischen und biologischen Herausforderungen des täglichen Lebens standhalten. Unterschiedliche Bakterien reagieren auf unterschiedliche Lebensmittel, insofern hat die Ernährung direkte Auswirkung auf das Mikrobiom. Wer sein Darmmikrobiom positiv beeinflussen will, greift zu Ballaststoffen. Sie dienen den guten Bakterien als Nahrung und ermöglichen es ihnen, kurzkettige Fettsäuren (SCFAs) zu bilden. Diese Fettsäuren beeinflussen, wie viel Energie wir aus unserer Nahrung gewinnen und wie wir diese Energie verbrennen. Sie nähren weiterhin die Immunzellen, die unseren Darm auskleiden, und verhindern Schäden und Entzündungen an der Darmwand. Sie halten den Blutzuckerspiegel stabil und zügeln den Appetit.

Es ist nie zu spät, mit der Verbesserung der Darmgesundheit zu beginnen. Dafür reicht es schon, eine größere Vielfalt pflanzlicher Lebensmittel zu essen (Seite 26–27).

Warum ist das Darmmikrobiom so wichtig?

Mikroorganismen schützen uns. Sie unterscheiden zwischen schädlichen Krankheitserregern und harmlosen Körpern, die den Darm passieren. Dadurch sind sie ein wichtiger Teil des Immunsystems. Je nach Umgebungsbedingungen können sie sich vermehren, verändern und sogar Gene und Teile der DNA austauschen.

Sie wirken sich auf fast jeden Aspekt unserer Biologie aus, von der Regulierung des Appetits über den Abbau der Nahrung und die Nährstoffaufnahme bis hin zur Produktion von Vitaminen und zur Ausschüttung oder Hemmung von Serotonin.

Auch wenn die Forschung noch in den Kinderschuhen steckt, deutet vieles darauf hin, dass ein gestörtes Darmmikrobiom entzündliche Prozesse verursacht. Solche Entzündungen können die Entwicklung von ADHS (Aufmerksamkeitsdefizit-Hyperaktivitätsstörung), Parkinson und Alzheimer, polyzystischem Ovarsyndrom (PCOS), Diabetes, Fettleibigkeit, Autismus und Autoimmunerkrankungen begünstigen und die kardiovaskuläre Gesundheit beeinflussen.

Was ist eine Dysbiose?

Diese schicke Bezeichnung beschreibt, dass das Darmmikrobiom aus dem Gleichgewicht geraten ist. Typische Gründe dafür sind:

1. Zu viele Bakterien oder Überbesiedlung mit unerwünschten Elementen.
2. Die Bakterien befinden sich im falschen Teil des Magen-Darm-Trakts.
3. Mangelnde Vielfalt, geringe Anzahl bestimmter Bakterien oder fehlende Arten.

Was beeinflusst das Darmmikrobiom?
– Art der Geburt (natürliche Geburt oder Kaiserschnitt)
– Ernährung des Säuglings (gestillt oder mit Säuglingsnahrung)
– Bewegung
– Medikamente
– Ernährung
– Drogen, Zigaretten, Alkohol
– Genetische Faktoren
– Stress
– Alter
– Wohnort
– Reiseziele

Darm und Immunsystem

Mehr als 70 % unserer Immunität befindet sich im Darm, wobei die Darmbakterien zu den wichtigsten Ausbildern unseres Immunsystems gehören. Die langfristige Gesundheit unseres Immunsystems entsteht in den ersten Lebensjahren und wird durch die Art der Geburt, die erste Ernährung und die Umgebungsbedingungen beeinflusst. Abwehrkräfte sind nicht genetisch bedingt, sondern entwickeln sich durch Umwelt- und Lebenseinflüsse. Ein Großteil dieser Entwicklung findet im Darm statt. Wenn die Darmmikroorganismen ihre Aufgabe nicht richtig erfüllen, kann es zu schweren Lebensmittelallergien kommen. Die wesentliche tägliche Aufgabe unseres Immunsystems besteht darin, Dinge zu unterscheiden, die uns nützen oder schaden, und beides im Gleichgewicht zu halten, etwa indem es nützliche Bakterien schützt. Dafür ist ein gesundes, artenreiches Darmmikrobiom unerlässlich. Das Darmmikrobiom »lehrt« die Immunzellen, dass nicht alle Mikroorganismen schlecht sind. Das wirkt sich auf das gesamte Immunsystem und viele Aspekte der Gesundheit aus, z. B. die Genesung von Krankheiten, die Reaktion des Körpers auf Allergene oder die Widerstandskraft gegen Autoimmunerkrankungen und Krebs.

Darm und Gehirn

Kaum ein Thema hat die Forschung in den letzten 20 Jahren so stark beschäftigt wie die Darm-Hirn-Achse. Die Vorstellung, dass Darm und Gehirn zwei getrennte Einheiten sind, ist inzwischen weitgehend widerlegt. Es ist bekannt, dass Mikroorganismen, von denen die meisten im Darm leben, einen erheblichen Einfluss auf die Funktion des Gehirns haben. Wir füttern die Mikroorganismen in unserem Darm, und sie produzieren im Gegenzug die Moleküle, die unser Gehirn benötigt – eine symbiotische Beziehung gegenseitiger Abhängigkeit.

Der Vagusnerv ist der größte Nerv in unserem Körper. Er verbindet das Gehirn mit dem Darm und verläuft auf seinem Weg durch alle wichtigen Organe. Bestimmte Bakterienstämme nutzen die Signale des Vagusnervs, um mit dem Gehirn zu kommunizieren und das Verhalten zu verändern. Zudem beeinflussen die von den Darmbakterien produzierten kurzkettigen Fettsäuren nachweislich die Funktionsweise unseres Gehirns. Weiterhin konnte eine Beziehung zwischen dem Darm und einigen der wichtigsten Neurotransmitter nachgewiesen werden. So werden beispielsweise 95 % des »Glückshormons« Serotonin von den Darmbakterien gebildet. Die Darmbakterien sind auch in der Lage, die Anzahl der GABA-Rezeptoren im Gehirn zu erhöhen, sodass das Gehirn das entspannende Hormon besser nutzen kann.

Darm und Schlaf

Unsere Darmbakterien beeinflussen den Schlaf, und der Schlaf wirkt sich auf die Funktionsfähigkeit der Darmbakterien aus. Die Mikroorganismen im Darm setzen Botenstoffe wie Serotonin und GABA frei, die eine Rolle für unseren Schlaf-Wach-Rhythmus spielen. Der Schlaf andererseits wirkt sich auf alle Bereiche unserer Gesundheit aus, auch auf den Darm.

Darmbakterien haben ihren eigenen zirkadianen Rhythmus, sie arbeiten zu verschiedenen Tageszeiten unterschiedlich. Die Forschung auf diesem Gebiet steckt noch in den Anfängen, aber eins zeichnet sich bereits ab: Die kognitiven Funktionen sind umso besser, je höher die Schlafqualität ist, und je mehr nützliche Bakterien im Darm vorhanden sind.

7 Tipps für besseren Schlaf

1. Das Aufwachen lässt sich leichter steuern als das Einschlafen. Achte darauf, jeden Tag zur gleichen Zeit aufzustehen. Die Morgenroutine ist wichtiger als die Abendroutine.
2. Keine Angst vor Müdigkeit! Müdigkeit bedeutet, dass du in der Nacht gut schlafen wirst.
3. Nimm dir ausreichend Zeit zum Schlafen, am besten 7–8 Stunden.

> **FAKTENCHECK**
>
> **Der Darm ist nicht die »Serotonin-Fabrik« des Gehirns**
> Die Neuronen im Gehirn stellen ihre eigenen Neurotransmitter her. Außerdem kann das im Darm produzierte Serotonin die Blut-Hirn-Schranke nicht überwinden. Es ist also unwahrscheinlich, dass Serotonin aus dem Darm die Gehirnfunktion über den Blutkreislauf direkt beeinflusst. Nach aktuellem Stand der Forschung ist es eher die Darm-Hirn-Achse, die Einfluss auf das Gehirn haben könnte.

4. Wenn du nach 25–30 Minuten noch nicht einschlafen kannst, steh wieder auf und tue etwas Entspannendes, bis du dich schläfrig fühlst. Es ist keine gute Strategie, länger im Bett zu liegen und auf den Schlaf zu warten – das führt eher zu Anspannung und Frustration. Nutze das Bett wirklich nur zum Schlafen und für Sex, sonst beginnt dein Gehirn, das Bett mit dem Wachsein zu assoziieren.
5. Versuche nicht, Schlafmangel auszugleichen, indem du früh ins Bett gehst oder länger liegen bleibst.
6. Qualität vor Quantität! Bei gutem Schlaf geht es nicht nur um die Anzahl der Schlafstunden, sondern auch um die Qualität, also darum, wie erholsam und regenerierend der Schlaf war.
7. Je mehr Stress du dir wegen Schlafmangels machst, desto schlechter wird dein Schlaf werden. Denke nicht zu viel darüber nach, sondern gönne dir eine Pause.

Darm und Bewegung

Jüngere Studien zeigen, dass mehr Bewegung die Zahl der nützlichen Mikroorganismen im Darm erhöhen und ihre Funktionsweise verbessern kann. Den Untersuchungen zufolge produzieren die Darmbakterien von Menschen, die regelmäßig Sport treiben, mehr kurzkettige Fettsäuren. Diese tragen unter anderem zur Gesunderhaltung der Darmschleimhaut und zur Regulierung des Immunsystems bei.

Die Forschung in diesem Bereich ist lange noch nicht abgeschlossen. Doch schon jetzt herrscht aber Einigkeit darüber, dass Bewegung wichtig für den Darm ist. Das bedeutet nicht, dass man sich im Fitnessstudio abrackern muss. Aber der Körper bewegt sich gern, bereits regelmäßige Spaziergänge oder ein Sportkurs können genügen.

Darm und Haut

Ein Zusammenhang zwischen dem Zustand der Haut und der Darmgesundheit ist bekannt. So kann zum Beispiel Rosazea durch eine bakterielle Überbesiedelung des Dünndarms (SIBO) begünstigt werden, und entzündliche Darmerkrankungen gehen oft mit Schuppenflechte einher.

Obwohl die Wechselwirkung zwischen Darm und Haut noch nicht erschöpfend erforscht ist, steht fest, dass die Ernährung der Entstehung von Hautkrankheiten vorbeugen kann. Folgende Ernährungsbestandteile unterstützen die Gesundheit der Haut:
– Essenzielle Fettsäuren, insbesondere Omega-3-Fettsäuren. Gute Quellen dafür sind fettreicher Fisch wie Lachs, Makrele, Sardellen, Sardinen, Hering und Forelle. Die besten vegetarischen Omega-3-Quellen sind Omega-3-Eier, Chiasamen und Leinsamen. (Ganze Samen kaufen, frisch mahlen und maximal 1 Woche im Kühlschrank lagern, da sie nach dem Mahlen schnell oxidieren.)
– Vitamin C, z. B. aus Zitrusfrüchten, Paprika und Kohlgemüse
– Vitamin E, z. B. aus nativem Olivenöl extra, Sonnenblumenkernen und Mandeln
– Polyphenole aus Beeren, Nüssen, Kräutern und Gewürzen
– Carotinoide aus Paprika, Brokkoli und Karotten
– Mineralstoffe wie Selen, Kupfer und Zink. Sie sind in Nüssen und Samen, dunklem Blattgemüse, Vollkornprodukten, fettem Fisch und Schalentieren enthalten.
– Fermentierte Lebensmittel wie Joghurt oder Kefir, Kimchi, Sauerkraut, Miso, Tempeh und Kombucha

Darm und Hormone

Der Darm und seine Bakterien produzieren viele Stoffe, die sich auf die Gehirnfunktion auswirken, zum Beispiel Serotonin (siehe oben). Auch der Hormonhaushalt, vor allem der Östrogenspiegel, werden durch den Darm beeinflusst. Die Darmbakterien erzeugen das Enzym Beta-Glucuronidase, das unter anderem die Aufgabe hat, Östrogen im Darm abzubauen. Wird zu viel oder zu wenig dieses Enzyms produziert, beeinflusst dies den Östrogenspiegel, was sich wiederum auf Stuhlgang, Knochenregeneration, Körperfett, Stoffwechsel und Haut auswirkt. Zu den möglichen Symptomen eines hohen Östrogenspiegels bei Frauen gehören: Blähungen, Schwellungen und Empfindlichkeit der Brüste, fibrozystische Knoten in den Brüsten, verminderter Sexualtrieb, unregelmäßige Menstruation, PMS-Beschwerden (prämenstruelles Syndrom), Stimmungsschwankungen, Kopfschmerzen, Angst- und Panikattacken, Gewichtszunahme, Haarausfall, kalte Hände oder Füße, Schlafstörungen, Müdigkeit und Gedächtnisprobleme.

Was sind fermentierte Lebensmittel?

Fermentierte Lebensmittel und Getränke werden durch kontrolliertes Wachstum von Mikroorganismen hergestellt. Diese schütten Enzyme aus, deren Wirkung die Lebensmittel verändert. Wenn also Bakterien und Hefe Lebensmittel und Getränke »vorverdauen« und dabei eine Reihe von Vitaminen, nützlichen organischen Säuren und anderen gesundheitsfördernden Verbindungen entstehen, spricht man von Fermentation. Durch die Fermentation wird der Nährstoffgehalt verbessert und der Nutzen für die Gesundheit steigt:
– Erhöhung der Vitaminkonzentration (z. B. Folsäure und Vitamin B_{12})
– Verringerung von Antinährstoffen (Stoffe, die die Aufnahme anderer Nährstoffe aus dem Darm in den Blutkreislauf blockieren oder stören.)
– Senkung des Blutdrucks
– Unterstützung des Immunsystems
– Beruhigende Wirkung
– Mögliche Verringerung des Glutengehalts in Sauerteigbroten und des Laktosegehalts in Milchprodukten

Was sind Präbiotika?

Präbiotika sind ein bestimmter Typ von Ballaststoffen. Sie dienen den guten Darmbakterien als Nahrung, sodass diese effektiv arbeiten können. Eines der besten natürlichen Präbiotika ist das Inulin, das die Zahl der Bifidobakterien erhöht. Einigen Studien zufolge kann es helfen, die Darmschleimhautbarriere aufrechtzuerhalten und Entzündungen zu verhindern.

Ein wichtiger Vorteil präbiotischer Lebensmittel besteht darin, dass die verschiedenen unverdaulichen Ballaststoffe von den Darmbakterien aufgespalten werden, um kurzkettige Fettsäuren (SCFAs) zu produzieren. Kurzkettigen Fettsäuren sind Energiequelle für die Darmschleimhaut, tragen zur Blutzuckerregulierung bei, helfen beim Nahrungstransport im Dickdarm, unterstützen das Immunsystem, stimulieren die Freisetzung von Darmhormonen und wirken sich direkt auf das Fettgewebe aus.

Gute Quellen für Präbiotika sind Zwiebeln (vor allem roh), Knoblauch (vor allem roh), Lauch, Zichorienwurzel, Spargel, Artischocken, Oliven, Hülsenfrüchte, Äpfel, Birnen, Pflaumen, Vollkorngetreide (z. B. Haferflocken), Nüsse und Mandeln.

Was sind Probiotika?

Die WHO definiert ein Probiotikum als einen lebenden Mikroorganismus, der einen gesundheitlichen Nutzen hat, wenn er in ausreichender Menge verzehrt wird. Probiotika können in Form von Lebensmitteln oder Nahrungsergänzungsmitteln eingenommen werden. Verschiedene Stämme haben unterschiedliche Wirkungen. Die drei Hauptkriterien für Probiotika sind:
1. Die Mikroorganismen müssen lebendig sein.
2. Sie müssen in großer Zahl vorhanden sein.
3. Sie müssen nachweislich einen gesundheitlichen Nutzen haben.

Im Handel findet man eine große Auswahl an probiotischen Produkten in flüssiger Form (manchmal mit viel Zucker) und in Kapselform. Wer sich aber gesund ernährt, benötigt eigentlich keine probiotischen Nahrungsergänzungsmittel.

Noch nicht erschöpfend geklärt ist die Frage, wie viele Mikroorganismen aus probiotischen Lebensmitteln die extrem sauren Bedingungen im Magen überhaupt überleben und unversehrt in den Dickdarm gelangen, um sich dort ansiedeln zu können.

Enthalten alle fermentierten Lebensmittel Probiotika?

Nein. Nicht alle fermentierten Lebensmittel enthalten lebende Kulturen oder gesundheitsfördernde Mikroorganismen, die den Transfer durch den Darm überleben können. Auch reicht in manchen fermentierten Lebensmitteln die Menge an Mikroorganismen gar nicht aus, um sie als gesundheitsfördernd einzustufen. Es gibt zwar eine Reihe von fermentierten probiotischen Lebensmitteln, doch solltest du immer auf der Verpackung nachlesen, ob und welche Stämme sie enthalten. Durch Verfahren wie Konservierung oder Pasteurisierung werden lebende Kulturen zerstört. Probiotische Lebensmittel findest du am besten im Kühlregal des Supermarkts.

Fermentierte probiotische Lebensmittel

Joghurt (Naturjoghurt ohne Zuckerzusatz)
Dieses Molkereiprodukt wird durch Fermentierung von Milch mit Bakterien hergestellt. Bevorzuge geschmacksneutrale Varianten mit »lebenden Kulturen«. Oft werden die guten Bakterien, die wir im Joghurt haben wollen, bei der Herstellung abgetötet. Deshalb ist es wichtig, dass du einen Joghurt kaufst, in dem sie noch enthalten sind oder dem sie wieder zugesetzt wurden. Wechsele immer wieder mal die Marke, weil der Joghurt je nach Hersteller unterschiedliche Bakterienstämme enthält. Die Umverpackung gibt Auskunft darüber, welche Bakterien verwendet wurden.

Kefir (am besten naturell ohne Zuckerzusatz)
Das säuerliche Getränk besteht aus fermentierter Milch oder Wasser. Kefir lässt sich leicht selbst herstellen und nach Belieben mit Zitrone oder anderen Früchten aromatisieren. Die Kulturen kann man online bestellen oder in Bioläden und Reformhäusern kaufen. Kefir ist eine hervorragende Quelle für Prä- und Probiotika. Als Fertiggetränk ist er auch im Kühlregal des Supermarkts erhältlich. In diesem Fall auf den Vermerk »mit lebenden Kulturen« achten.

Kimchi
Die traditionelle koreanische Beilage besteht aus gesalzenem und fermentiertem Gemüse. Kimchi schmeckt köstlich als Snack oder würzende Beilage. Ich esse es gerne mit Eiern.

Sauerkraut
Sauerkraut ist fein geschnittener roher Weißkohl, der durch verschiedene Milchsäurebakterien fermentiert wurde. Wähle beim Kauf unpasteurisiertes Sauerkraut, da nur dieses noch die wertvollen Bakterien enthält. Sauerkraut am besten roh essen, z. B. als Salat oder auf einem Sandwich, oder als Beilage servieren.

Miso
Die traditionelle japanische Würzpaste wird durch Fermentieren von Sojabohnen mit Salz und Kōji (Schimmelpilz) und manchmal Reis, Gerste, Algen oder anderen Zutaten hergestellt. Miso eignet sich für Dressings oder als Marinade für Gemüse, Fisch oder Fleisch.

Kombucha
Kombucha ist ein fermentiertes, leicht sprudelndes, gesüßtes Schwarz- oder Grünteegetränk. Es kann eine gute Alternative zu alkoholischen Drinks sein. Die Herstellung erfolgt mit einem Tee-Pilz (Kombucha-Mutter) und ist etwas aufwendiger. Man bekommt es fertig in gut sortierten Supermärkten. Achte beim Kauf auf eine zuckerarme Sorte.

Genereller Hinweis
Lebende Kulturen werden durch Hitze, etwa beim Konservieren oder Pasteurisieren, zerstört. Deshalb immer unpasteurisierte Produkte kaufen.

Ich versuche, jeden Tag mindestens eines der oben genannten fermentierten Lebensmittel zu essen. Meistens beginne ich den Tag mit Haferflocken und Kefir. Für einen schnellen Snack oder als Beilage zu Eiern habe ich immer ein Glas Kimchi im Kühlschrank.

Vorzüge probiotischer Lebensmittel

Aktuell untersuchen Forscher noch, welche Bakterienkulturen was bewirken. Es gibt Hinweise darauf, dass Probiotika bei Durchfall hilfreich sind, der durch Infektionen, Gastroenteritis, Allergien oder nach einer Antibiotikabehandlung verursacht wird. Außerdem wurde festgestellt, dass bestimmte Stämme von Probiotika die Symptome des Reizdarmsyndroms lindern.

Einige Studien deuten darauf hin, dass regelmäßiger Joghurtkonsum das Risiko für Typ-2-Diabetes verringern kann. Der Verzehr von Kimchi kann helfen, Bluthochdruck zu regulieren und einer Insulinresistenz vorzubeugen.

Zudem weisen manche Forschungsergebnisse darauf hin, dass nicht nur die Bakterien in fermentierten Lebensmitteln von Vorteil sind. Vielmehr werden die Lebensmittel selbst durch den Fermentationsprozess buchstäblich »vorverdaut« und können deshalb in unserem Körper leichter in kurzkettige Fettsäuren umgewandelt werden.

Richtig sitzen auf dem Klo

Eine leichte Darmentleerung ist ein wichtiger Bestandteil einer guten Gesundheit. Die meisten Menschen in der westlichen Welt sitzen in aufrechter Haltung auf der Toilette. Doch diese Position ist für die Entleerung des Darms nicht optimal. In der Hocke dagegen, wobei sich die Knie oberhalb der Hüfte befinden, kann sich der Musculus puborectalis (Schambein-Mastdarm-Muskel) entspannen und das Rektum öffnen.

Wer das einmal ausprobieren möchte, stellt die Füße auf eine Kiste, einen Schemel oder einen Papierkorb. Denkbar ist auch, den Toilettensitz hochzuklappen, um etwas niedriger zu sitzen. In der idealen Position befinden sich die Knie oberhalb der Hüfte.

Sitzen

Der Puborectalis-Muskel kontrahiert und drückt das Rektum zusammen. Dies erhöht die Anspannung und den Druck auf den Beckenboden.

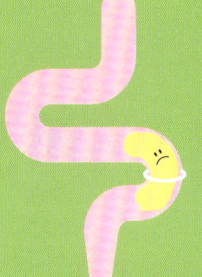

Hocken

Der Puborectalis-Muskel entspannt sich, sodass sich das Rektum öffnen kann. Das verhindert eine Überdehnung und schützt die Nerven.

Aktiv werden

1. **Vollwertig und abwechslungsreich essen, Obst und Gemüse nicht schälen**
   Vollwertige Lebensmittel und Vielfalt sind der Schlüssel zu einer guten Darmgesundheit (Seite 18).

2. **Probiotika und Präbiotika essen**
   Dabei hilft die Liste der probiotischen und präbiotischen Lebensmittel auf Seite 47–48.

3. **Richtige Haltung beim Stuhlgang**
   Folge den obigen Illustrationen.

Hinweis: In der Schwangerschaft und Stillzeit, bei erhöhtem Histaminspiegel oder einer Immunschwäche sollten fermentierte Lebensmittel nicht oder nur nach Rücksprache mit einem Arzt verzehrt werden.

Weniger raffinierte Kohlenhydrate

Ich will hier keineswegs eine kohlenhydratarme Ernährung empfehlen, denn Kohlenhydrate sind für gesunde Körperfunktionen unerlässlich. Kohlenhydrate sind in den meisten pflanzlichen Lebensmitteln enthalten und tragen entscheidend zur Darmgesundheit bei, weil sie den Verdauungstrakt mit nützlichen Ballaststoffen versorgen.

Unser Körper wandelt Kohlenhydrate in Glukose um. Glukose ist die bevorzugte Energiequelle des Körpers und ein wichtiger Brennstoff für das Gehirn. Kohlenhydrate werden auch für die Bildung des »Glückshormons« Serotonin benötigt und tragen so zur Verbesserung der Stimmung bei. Serotonin wird aus Tryptophan hergestellt, und Kohlenhydrate sind an dieser Umwandlung beteiligt. Serotonin wird wiederum in das Hormon Melatonin umgewandelt, das zur Regulierung unseres zirkadianen Rhythmus beiträgt. Kohlenhydrate spielen also auch eine Rolle für unseren Schlaf-Wach-Rhythmus.

Was sind raffinierte Kohlenhydrate?

Raffinierte oder einfache Kohlenhydrate finden sich hauptsächlich in Zucker und verarbeitetem Getreide. Typische Beispiele sind Weißbrot, Pizzateig, Nudeln, Gebäck, weißer Reis, Süßigkeiten und Desserts sowie viele kommerziell hergestellte Frühstückscerealien, von denen die meisten ihrer Ballast- und Nährstoffe beraubt wurden. Sie können eine gute Quelle für schnelle Energie sein, enthalten aber keine wichtigen Nährstoffe und oft unerwünschte Zusatzstoffe wie Salz und gehärtete Fette. Raffinierte Kohlenhydrate sind kalorienreich, aber nährstoffarm. Kohlenhydrate in ihrem natürlichen Zustand dagegen sind nährstoff- und ballaststoffreich und geben die Energie wesentlich langsamer ab.

Raffinierte Kohlenhydrate können außerdem den Blutzuckerspiegel schnell in die Höhe treiben, da sie oft fein gemahlen oder in Zucker gelöst sind und daher sehr schnell verdaut werden. Ein Anstieg des Blutzuckerspiegels regt die Ausschüttung des Hormons Insulin an, das den Blutzuckerspiegel schnell absenkt und uns wieder hungrig macht. Dies kann zu einem Kreislauf wiederkehrender Hungerschübe und zu einer Gewichtszunahme führen. Langfristig kann der Körper sogar eine Insulinresistenz entwickeln. Das heißt, er reagiert nicht mehr auf Insulin, selbst wenn der Blutzuckerspiegel gefährlich hoch ist. Insulinresistenz ist die Hauptursache für Typ-2-Diabetes.

Auch mit entzündlichen Prozessen und verschiedenen daraus resultierenden Krankheiten werden raffinierte Kohlenhydrate in Verbindung gebracht. Außerdem nimmt man an, dass eine Ernährung mit einem hohen Anteil an raffinierten Kohlenhydraten das Risiko für Krebs, Schlaganfall und Herzerkrankungen vergrößert, da sie die Triglycerid- und Cholesterinwerte sowie den Blutdruck erhöht.

Zusammengefasst liefern raffinierte Kohlenhydrate also hauptsächlich leere Kalorien, wenige Nährstoffe und vermitteln kein Sättigungsgefühl, sodass wir oft schon kurz nach dem Verzehr wieder Hunger haben. Sie verführen zu übermäßigem Essen, stören den Blutzucker- und Energiehaushalt und können verschiedene Gesundheitsstörungen nach sich ziehen. Ich beschäftige mich lieber mit all den wunderbaren Dingen, die wir essen sollten, statt mit denen, die wir besser weglassen. Doch leider sind raffinierte Kohlenhydrate allgegenwärtig und werden von der Lebensmittelindustrie stark beworben, sodass es nicht leicht ist, sie zu meiden. Je mehr vollwertige Lebensmittel du aber verzehrst, desto weniger Raum werden sie einnehmen.

Der Unterschied zwischen raffinierten und komplexen Kohlenhydraten

Kohlenhydrate in ihrer einfachsten Form sind Monosaccharide (Einzelmolekül-Kohlenhydrate). Sie werden als raffinierte oder einfache Kohlenhydrate bezeichnet und lassen sich in drei Gruppen einteilen:

Glukose – Getreide, Nudeln

Fruktose – Obst, Gemüse, Honig

Galaktose – Milchprodukte

Wenn sich zwei Moleküle chemisch verbinden, bilden sie Disaccharide wie beispielsweise:

Laktose – Milchprodukte

Saccharose – Rübenzucker, Rohrzucker

Maltose – Melasse, Bier

Wenn sich mehrere Moleküle miteinander verbinden, bilden sie Polysaccharide. Diese komplexen Kohlenhydrate können aus Hunderten oder sogar Tausenden von Monosaccharid-Molekülen bestehen. Sie sind in vollwertigen Lebensmitteln wie Gemüse, Hülsenfrüchten und Vollkornprodukten zu finden.

Was ist der glykämische Index?

– Der glykämische Index (GI) bewertet Kohlenhydrate danach, wie schnell sie den Glukosespiegel im Blut ansteigen lassen.
– Bei der glykämischen Last (GL) werden Kohlenhydrate nach dem glykämischen Index und der Kohlenhydratmenge des Lebensmittels bewertet.
– Die GL berücksichtigt sowohl den glykämischen Index als auch die Menge der Kohlenhydrate in einem Lebensmittel. Wenn ein Lebensmittel einen niedri-

gen GI hat, bedeutet das jedoch nicht, dass man eine größere Portion davon essen kann. Es kommt vielmehr auf die Gesamtmenge der verzehrten Kohlenhydrate und Kalorien an.

Beispielsweise haben Nudeln einen niedrigeren GI als Wassermelonen, aber eine höhere GL. Wenn du also von beiden die gleiche Menge isst, haben die Nudeln die stärkere Wirkung auf deinen Blutzuckerspiegel.

> **FAKTENCHECK**
>
> **Machen Kohlenhydrate dick?**
> Es sind die Kalorien (und nicht die Nährstoffe), die sich auf das Gewicht auswirken. Aber das ist nur die halbe Wahrheit. Wenn man nur die Nährstoffe oder Kalorien betrachtet, übersieht man viele Faktoren, die ebenfalls mit einer Gewichtszunahme zusammenhängen. Die Energiebilanz (und damit das Körpergewicht) wird durch eine Vielzahl physiologischer, biologischer und sozialer Faktoren bestimmt, von denen wir einige kontrollieren können und andere nicht.

Wo verstecken sich raffinierte Kohlenhydrate?

Sprudelgetränke, Erfrischungsgetränke und Fruchtsaftgetränke
Süßigkeiten, Schokolade
Kekse
Weißbrot, einschließlich Wraps, Sandwiches und Pizza
Fertiggerichte
Frühstückscerealien
Chips, Tortilla-Chips und Brezeln
Gebäck wie Croissants
Speiseeis
Kuchen, Muffins, Teilchen
Weiße Nudeln und weißer Couscous
Ketchups und Fertigsaucen
Konfitüre, Honig und Marmelade
Schokoladenaufstrich
Reiswaffeln
Gesüßte Joghurts und Desserts
Manche Brühwürfel
Manche Proteinriegel
Manche Veggie-Burger
Manche Babynahrung

7 Tipps für gesunde Alternativen zu raffinierten Kohlenhydraten

1. Nüsse, Samen oder Trockenfrüchte anstelle von gezuckerten Müsliriegeln snacken.
2. Dunkle Schokolade statt Vollmilchschokolade wählen. Schokolade mit mindestens 75 % Kakaoanteil enthält Antioxidantien, Mineral- und Ballaststoffe sowie weniger Zucker. Immer nur ein Stückchen essen und mit Nüssen und Trockenfrüchten kombinieren, um den Nährwert zu erhöhen.
3. Selbst gemachten Fruchtaufstrich ohne Zucker statt Konfitüre und Marmelade wählen.
4. Gutes Brot essen. Empfehlenswert ist Brot, das zu mindestens 50 % aus Vollkornmehl besteht und nur wenige Zusatzstoffe enthält. Idealerweise sollten sich die Zutaten auf Hefe, Salz, Wasser und eine kleine Menge Fett/Öl beschränken. Wer weniger Brot isst, gewinnt Raum für vollwertige Lebensmittel.
5. Haferflocken statt zuckerhaltige Cerealien frühstücken.
6. Hafercracker oder braune Reiswaffeln statt weißen Reiswaffeln essen.
7. Naturjoghurt mit frischem Obst anreichern statt Fruchtjoghurt kaufen.

Stichwort Zucker

Es gibt zwei Arten von Zucker: **gebundener und freier Zucker.** Gebundener Zucker ist von Natur aus in der Zellstruktur von Lebensmitteln enthalten. Er kommt natürlich in Obst und Gemüse, stärkehaltigen Kohlenhydraten, Getreide und Milchprodukten vor. Da diese Zucker in der Zellwand stecken, muss unser Körper mehr arbeiten, um sie freizusetzen. Das bedeutet, dass sie den Blutzuckerspiegel nicht so stark ansteigen lassen.

Als freier Zucker gilt jede Form von zugesetztem Zucker – weißer, brauner, Kokosblütenzucker, Ahornsirup, Agavendicksaft und Honig. Freie Zucker werden häufig Backwaren zugesetzt. Sie können aber auch beim Verarbeitungsprozess aus der Zellstruktur freigesetzt werden, etwa wenn Obst zu Fruchtsaft gepresst wird. Ebenso wie raffinierte Kohlenhydrate werden auch raffinierte Zucker sehr schnell vom Körper aufgenommen.

Ich empfehle, Maissirup mit hohem Fruktosegehalt (HFCS) ganz zu meiden. Er ist in den USA in vielen Lebensmitteln enthalten und kann Diabetes, verminderte Insulinempfindlichkeit, Bluthochdruck und hohe Cholesterinwerte begünstigen.

Empfehlungen zum Zuckerkonsum
Die WHO empfiehlt, dass nicht mehr als 5 % der täglichen Energiezufuhr aus freiem Zucker stammen sollten. Die Deutsche Gesellschaft für Ernährung (DGE) rät, den Verbrauch an freiem Zucker auf maximal 50 g pro Tag zu beschränken. Versuche dir bewusst zu machen, wie viel Zucker du zu dir nimmst und woher er stammt, damit du diese Grenzwerte einhalten und kritischer einkaufen kannst.

7 Tipps für weniger Zucker

1. Vor allem zuckerhaltige Getränke gelten als ungesunde Dickmacher. Trinke statt Limonaden, Erfrischungsgetränken und Säften lieber kohlensäurehaltiges oder stilles Wasser, Wasser mit Fruchtgeschmack oder kalt gebrühte Tees, Kräutertees, Brühen und Suppen.
2. Ersetze zuckerhaltige Kekse durch Hafercracker mit etwas Nussmus und iss zum Frühstück Haferflocken mit frischem Obst statt zuckerhaltigen Frühstückscerealien.
3. Verwende beim Kochen weniger Zucker oder lass ihn ganz weg.
4. Gekaufte Kekse und Kuchen sind wahre Zuckerbomben. Wer ohne sie nicht leben kann, backt sie am besten selbst. Ersetze dabei Weißmehl durch Vollkornmehl und reduziere die Zuckermenge im Rezept. (Ich reduziere sie um 50 %.) Verwende vollwertige Zutaten wie Nüsse, Trockenfrüchte, Obst oder Gemüse. Vor allem denke daran, dass solche Produkte ein Extra sind und nicht alltägliche Lebensmittel.
5. Tausche zuckerhaltige Frühstückscerealien oder Instant-Porridge gegen Haferflocken.
6. Würzsaucen wie Ketchup können 22 g Zucker pro 100 g enthalten. Nimm nur kleine Portionen oder probiere Alternativen wie z. B. Senf.
7. Reduziere den Zucker in Heißgetränken und lass ihn allmählich ganz weg. Wer täglich 4 Tassen Tee mit 1 Teelöffel Zucker trinkt, nimmt schon 16 g Zucker zu sich. Das ist bereits fast die Hälfte des täglichen Zuckerbedarfs. Wenn dich Heißhunger auf Süßes überfällt, versuche mal Süßholztee – das gilt jedoch nicht für Personen mit erhöhtem Blutdruck.

Manche Menschen können aus dem Stand auf Zucker verzichten, andere dagegen brauchen Zeit, um sich daran zu gewöhnen. Es ist noch nicht erforscht, wie viele zuckerfrei Tage nötig sind, um den Gaumen auf Grundeinstellung zu bringen. Die meisten Menschen stellen fest, dass ein dreitägiger Zuckerverzicht (einschließlich des Zuckers aus Früchten und Säften) ausreicht, um ihren Gaumen so weit zu regenerieren, dass sie den natürlichen Zucker in Lebensmitteln wieder schmecken. Geschmacksknospen haben geschätzt eine durchschnittliche Lebensdauer von etwa 10 Tagen. Dieser Zeitraum genügt meist für die Umstellung. Auch wenn es anfangs schwierig ist: Bleib dran, es lohnt sich.

7 Tipps gegen Heißhunger auf Süßes

1. Schlaf: Versuche, jede Nacht 7–9 Stunden Schlaf zu bekommen. Lege mindestens 30 Minuten vor dem Zubettgehen das Handy weg.
2. Stress abbauen: Es ist wichtig, Stress und Anspannung zu bewältigen. Dafür gibt es einfache Entspannungstechniken, z. B. Atemübungen, Meditation oder Yoga.

3. Achtsam essen: Eine Reihe von Studien belegen, dass achtsames Essen Heißhungerattacken vorbeugen kann. Konzentriere dich ganz auf dein Essen und lass dich nicht ablenken.
4. Verbiete dir keine Lebensmittel: Dinge, die verboten sind, empfinden wir als umso verlockender.
5. Veränderung: Versuche, eingefahrene Gewohnheiten zu ändern. Wenn dich am Nachmittag regelmäßig Heißhunger auf Süßes überfällt, plane stattdessen um diese Zeit einen Spaziergang ein. Viele meiner Klienten haben mir auch berichtet, dass Süßholztee ihnen geholfen hat, Heißhungerattacken in Schach zu halten.
6. Genießen: Gesunde Ernährung bedeutet vor allem Vielfalt, nicht Einschränkung oder Verzicht. Wenn du mal einer Heißhungerattacke nachgegeben hast, mach dir keine Vorwürfe. Genieße alles, was du magst, aber in Maßen und integriere dabei immer ein paar pflanzliche Lebensmittel.
7. Keine Schuldgefühle: Wenn Schokolade dein Geheimrezept für die Tage vor der Periode o.ä. ist, gönne dir ohne schlechtes Gewissen ein Stück.

Die Verpackung lesen!

Viele der raffinierten Kohlenhydrate, die wir zu uns nehmen, sind in verarbeiteten Lebensmitteln versteckt. Darum ist es so wichtig, das Kleingedruckte auf der Umverpackung zu lesen. Achte auf wenig zugesetzten Zucker, wenig Salz und mehr Ballaststoffe aus Vollkorn. Weitere Informationen rund um Zucker findest du auf Seite 15.

Aktiv werden

1. **Hochwertige Kohlenhydrate bevorzugen**
   Wer sich gesund ernähren will, sollte wissen, welche Kohlenhydrate für die Gesundheit förderlich sind und welche nicht. Unraffinierte (komplexe) Kohlenhydrate enthalten viele Ballaststoffe und wertvolle Nährstoffe. Raffinierten Kohlenhydraten dagegen wurde alles Wertvolle entzogen, sie liefern nur leere Kalorien. Versuche also, raffinierte Kohlenhydrate zu vermeiden und entscheide dich stattdessen für vollwertige Lebensmittel.

2. **Zuckerkonsum einschränken**
   Zucker allein ist nicht für das Problem der raffinierten Kohlenhydrate verantwortlich, aber auf ihn kann man relativ leicht verzichten. Schränke den Verzehr von zuckerhaltigen Lebensmitteln ein, besonders von solchen mit einem hohen Anteil an freiem Zucker. Kaufe vorzugsweise Lebensmittel mit wenig zugesetztem Zucker (siehe linke Seite).

3. **Zutatenliste auf der Verpackung lesen**
   Führe dir vor Augen, was du isst, und versuche vor allem, Lebensmittel mit einem hohen Anteil an freiem Zucker einzuschränken. Am besten ist es, möglichst viele vollwertige Lebensmittel zu wählen und die Mahlzeiten selbst zuzubereiten. Dann brauchst du dir keine Gedanken darüber zu machen, welche Zutaten in deinem Essen stecken.

e n

      Richtig und ausreichend zu trinken ist ein wesentlicher Bestandteil der Ernährung, der jedoch häufig vernachlässigt wird. Wasser ist für alle Funktionen und Prozesse im Körper unerlässlich. Das wird schon dadurch deutlich, dass wir ohne Nahrung viel länger überleben können als ohne Wasser.

Unser Kreislaufsystem braucht Wasser, damit das Blut durch unseren Körper fließen und die Zellen mit lebenswichtigen Nährstoffen versorgen kann. Unser Gehirn besteht zu 75 % aus Wasser und kann ohne Wasser nicht störungsfrei arbeiten. Unsere Nieren brauchen Wasser, um Abfallprodukte aus dem Blut zu filtern. Unser Verdauungssystem braucht Wasser, um die Nahrung aufzuspalten, damit die Nährstoffe vom Körper aufgenommen werden können. Und weil unser Körper täglich Wasser verliert, ist es so wichtig, dass wir es regelmäßig ersetzen.

Wie viel Wasser braucht der Mensch?

Die Europäische Behörde für Lebensmittelsicherheit (EFSA) empfiehlt eine angemessene tägliche Gesamtflüssigkeitszufuhr von 2 Litern für Frauen und 2,5 Litern für Männer. Diese Menge umfasst Trinkwasser, andere Getränke und die Flüssigkeit, die wir mit der Nahrung zu uns nehmen. Man geht davon aus, dass unsere Nahrung im Durchschnitt etwa 20 % unserer Flüssigkeitsaufnahme ausmacht. Das bedeutet, dass eine Frau etwa 1,6 Liter und ein Mann 2 Liter pro Tag trinken sollten. In den USA empfiehlt die National Academy of Medicine eine tägliche Flüssigkeitszufuhr von etwa 2,1 Liter bzw. 3,1 Liter für gesunde Frauen und Männer, wobei die Flüssigkeit aus der Nahrung inbegriffen ist. Diese Zielwerte müssen unter Umständen an deinen Lebensstil und deine Umgebung angepasst werden. Bei körperlicher Anstrengung oder Hitze ist der Wasserbedarf höher.

Anzeichen für Dehydrierung

Eine Dehydrierung wirkt sich negativ auf die geistige und körperliche Leistungsfähigkeit aus. Die Wirkung steigt mit zunehmender Dehydrierung an. Zu den Symptomen der Dehydrierung bei Erwachsenen und Kindern gehören:
– Durstgefühl
– dunkelgelber und stark riechender Urin
– Schwindelgefühl oder Benommenheit
– Müdigkeit
– trockener Mund, trockene Lippen und trockene Augen
– geringe Urinmenge, seltener als viermal pro Tag

Was verrät die Urinfarbe?

Ein guter Indikator für den Wasserhaushalt ist die Farbe des Urins. Schau auf der Grafik rechts nach, wie es um deine Flüssigkeitsversorgung steht.

Den Wasserbedarf berechnen

Die Formel zur Berechnung des täglichen Wasserbedarfs ist relativ grob. Je nach körperlicher Aktivität und Umgebung (vor allem der Umgebungstemperatur) muss die Wasserzufuhr eventuell angepasst werden.

Die Formel lautet: Körpergewicht in kg × 0,033 = empfohlene Wassermenge pro Tag.
Eine Person, die 60 kg wiegt, sollte also 1,98 Liter pro Tag trinken.

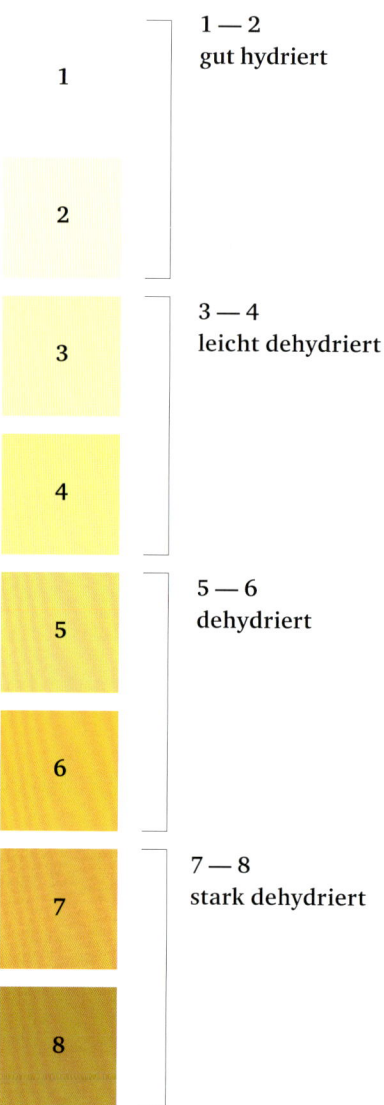

3 Tipps um mehr Wasser zu trinken

– Ein Glas Wasser ans Bett stellen, ein weiteres an den Arbeitsplatz.
– Eine wiederverwendbare Wasserflasche anschaffen und immer mitnehmen, wenn du unterwegs bist.
– Wasser mit Obst, Gemüse oder kalten Tees aromatisieren.

Kalorienreiche Getränke

Unser Gehirn erkennt Kalorien aus Getränken nicht so wie Kalorien aus Essen. Wenn wir Kalorien essen, sendet das Gehirn Signale aus, dass es satt ist und wir mit dem Essen aufhören sollen. Trinken wir jedoch dieselbe Menge an Kalorien, sendet das Gehirn kein Sättigungssignal.

Beim Kauen von Nahrung schüttet der Körper Hormone aus, um das Gehirn über die Nahrungsaufnahme zu informieren. Wenn wir nicht kauen, werden diese Hormone nicht ausgeschüttet, das Gehirn registriert die Nahrung also nicht und sendet auch kein Sättigungssignal. Außerdem sättigt Nahrung, die den Verdauungstrakt langsam durchläuft, anhaltender. Kalorienreiche Getränke dagegen rauschen einfach durch, ohne zu sättigen, hinterlassen aber eine Menge Kalorien. Deshalb ist es hilfreich, diese Produkte nicht als Getränke, sondern eher als Lebensmittel zu betrachten.

Gezuckerte Getränke

In diese Kategorie fallen kohlensäurehaltige Getränke wie Cola, Energydrinks, Sportgetränke, Sirupgetränke und Getränke mit Fruchtgeschmack. Sie gehören zu den größten Quellen von unerwünschtem Zucker in unserer Ernährung. Eine 340-ml-Dose Cola enthält zum Beispiel durchschnittlich 39 g Zucker. Das ist fast die empfohlene Tagesdosis – in nur einem Getränk!

Getränke mit hohem Zuckergehalt machen nicht satt. Sie können sogar Hunger auslösen und damit eine Gewichtszunahme begünstigen. Sie werden für den Zuwachs des gefährlichen viszeralen Fetts um die inneren Organe mitverantwortlich gemacht und können das Risiko für Bluthochdruck und Typ-2-Diabetes erhöhen. Zudem begünstigen sie entzündliche Prozesse, die zu vielen chronischen Krankheiten beitragen.

7 Tipps gegen zuckerhaltige Getränke

– Kaufe dir eine wiederverwendbare Wasserflasche, die du für unterwegs in deiner Tasche oder im Auto mitnehmen kannst.
– Achte darauf, wann du am ehesten zu süßen Getränken greifst. Komme dem zuvor, indem du etwas anderes tust, z. B. einen Spaziergang machst oder ein Spiel spielst.
– Trinke anstelle eines zuckerhaltigen Getränks erst einmal ein Glas Wasser. Vielleicht hast du einfach nur Durst.
– Wenn die Lust auf einen zuckerhaltigen Drink kommt, knabbere ein paar Nüsse oder einen Hafercracker mit Erdnussmus, um den Blutzuckerspiegel auszugleichen. Oft verschwindet dann das Verlangen.
– Trinke eine Tasse ungesüßten Tee, schwarzen Kaffee oder Süßholztee. Das hilft oft, das Verlangen nach gezuckerten Getränken zu unterdrücken.
– Versuche, Erfrischungsgetränke mit stillem oder sprudelndem Wasser zu verdünnen.
– Probiere kalt aufgebrühte Tees oder Kräutertees als koffeinfreie Alternative.

Fruchtsäfte und Smoothies

Ernährungsexperten empfehlen, den Konsum von selbst gemachten Säften und Smoothies auf eine 150-ml-Portion pro Tag zu beschränken. Das überrascht vielleicht, zumal sie doch aus vollwertigen Zutaten ohne Zusatzstoffe zubereitet werden. Durch das Entsaften oder Pürieren wird aber die Struktur der Früchte verändert, und dadurch ändert sich auch die Art und Weise, wie unser Körper auf sie reagiert. Die gebundenen Zucker in den Fruchtzellen werden beim Pressen oder Mixen nämlich zu freien Zuckern. Unser Körper reagiert auf sie genauso wie auf Zucker in Erfrischungsgetränken: Er nimmt freie Zucker, die nicht in der Zellstruktur der Nahrung gebunden sind, extrem schnell auf.

Wer gerne Smoothies mag, sollte Früchte mit essbarer Schale ungeschält lassen (um ihren Nährwert zu erhöhen) und sie nicht zu fein pürieren, um die Menge an freien Zuckern in Grenzen zu halten. Generell ist es für gesunde Menschen vorteilhafter, Gemüse ganz zu essen, statt es zu entsaften oder zu pürieren.

Koffein

Tee und Kaffee gehören zu den beliebtesten Getränken der Welt. Für die meisten Menschen ist das darin enthaltene Koffein, in Maßen genossen, eher nützlich als schädlich. Das Trinken von Tee und Kaffee ist nicht nur ein traditionelles Ritual, sondern gibt uns einen schnellen Energieschub und erhöht unsere Aufmerksamkeit.

Tee und Kaffee sind reich an Antioxidantien, die unseren Körper vor Schäden durch freie Radikale schützen und der Entstehung chronischer Krankheiten wie Krebs und Herz-Kreislauf-Erkrankungen vorbeugen. Tee und Kaffee sind zwar nicht die beste Quelle für Antioxidantien, aber wer seine Tasse Tee oder Kaffee liebt, muss nicht darauf verzichten.

Forscher sind der Meinung, dass ein mäßiger Koffeinkonsum von 300–400 mg pro Tag (3–4 Tassen Kaffee oder 5 Tassen Tee) positive Auswirkungen haben kann. Mehr als 600 mg Koffein pro Tag können jedoch zu Schlaflosigkeit, Nervosität, Reizbarkeit, erhöhtem Blutdruck und Magenbeschwerden führen. Allerdings reagiert jeder Mensch anders auf Koffein.

Vorsicht, Kaffeebar!

Moderne Kaffeebars sind für die Gesundheit kein Gewinn. Der traditionelle Kaffee mit einem Schuss Milch ist out. Man bestellt lieber kalorienreichen Latte, Cappuccino und Mokka mit Sahnehaube, denen Sirup und Zucker zugesetzt wurden. Was früher ein 20–40-Kalorien-Getränk war, kann heute schon die 500-Kalorien-Marke knacken. Wie bereits erläutert, rauschen diese kalorienreichen Getränke aber durch den Verdauungstrakt, ohne zu sättigen, hinterlassen jedoch reichlich Kalorien.

> **FAKTENCHECK**
>
> **Spendet Koffein Energie?**
> Koffein liefert keine Energie, denn es enthält keine Kalorien. Es kann aber wacher machen, indem es das Nervensystem stimuliert und möglicherweise die Stimmung hebt. Man nimmt an, dass Koffein Rezeptoren im Gehirn blockiert, die Müdigkeit fördern. Zugleich werden auch andere Rezeptoren blockiert, die daraufhin den Botenstoff Dopamin ausschütten. Er spielt bei vielen wichtigen Körperfunktionen eine Rolle, z. B. bei Bewegung, Gedächtnis, Belohnung und Motivation.

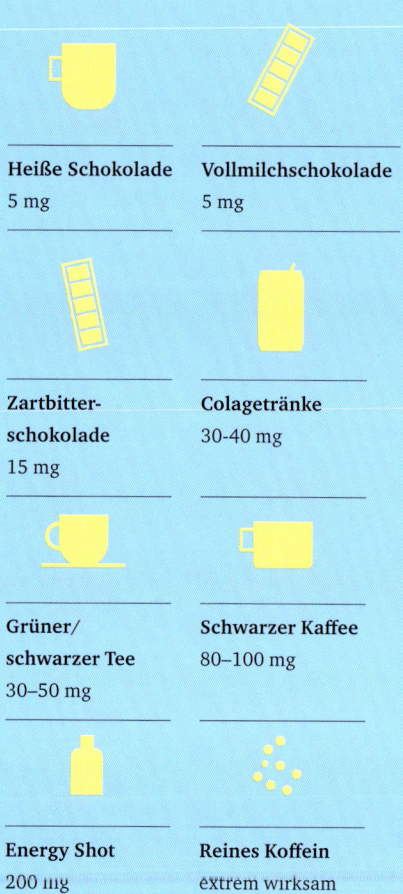

Wo steckt Koffein drin?

Heiße Schokolade — 5 mg
Vollmilchschokolade — 5 mg
Zartbitterschokolade — 15 mg
Colagetränke — 30–40 mg
Grüner/schwarzer Tee — 30–50 mg
Schwarzer Kaffee — 80–100 mg
Energy Shot — 200 mg
Reines Koffein — extrem wirksam

Alkohol

Alkohol hat absolut keine ernährungsphysiologischen Vorteile, die es rechtfertigen würden, ihn in unsere Ernährung aufzunehmen. Die britischen Gesundheitsrichtlinien besagen, dass Erwachsene nicht regelmäßig mehr als 14 Einheiten Alkohol pro Woche trinken sollten, idealerweise weniger. Weitere Informationen zu den Trinkrichtlinien der einzelnen Länder findest du auf Seite 31. Für eine optimale Darmgesundheit solltest du gar keinen Alkohol trinken.

Starker und lang anhaltender Alkoholkonsum kann zur Entwicklung chronischer Krankheiten und anderer ernsthafter Probleme führen. Dazu gehören Bluthochdruck, Herzkrankheiten, Schlaganfall, Lebererkrankungen und Verdauungsprobleme. Alkohol wird mit verschiedenen Krebsarten in Verbindung gebracht und ist als Karzinogen der Gruppe 1 eingestuft.

Alkohol wirkt dehydrierend. Die Nieren entziehen dem Körper sehr schnell Flüssigkeit, um ihre Aufgabe – nämlich die Entgiftung des Körpers – zu erfüllen und die Abbauprodukte des Alkohols auszuscheiden. Es ist enorm wichtig, zu Alkohol reichlich Wasser zu trinken, sonst kann der Körper schnell dehydrieren.

Alkohol kann auch die Säuremenge im Magen erhöhen und damit Reizungen der Magenschleimhaut, Verdauungsstörungen und Sodbrennen verursachen.

Da Alkohol ein Sedativum ist, kann er anfangs das Einschlafen erleichtern. Im Laufe der Nacht jedoch kann er ein Ungleichgewicht zwischen dem Slow-Wave-Schlaf und dem REM-Schlaf verursachen. Das führt zu einer schlechteren Schlafqualität.

Alkohol ist außerdem sehr kalorienreich. Ein Glas Wein oder ein kleines Bier haben jeweils etwa 200 Kalorien. Alkohol verleitet uns auch dazu, gute Essgewohnheiten über Bord zu werfen und mehr zu essen, als wir in nüchternem Zustand zu uns nehmen würden.

Auch das Trinkverhalten spielt eine Rolle. Studien deuten darauf hin, dass Personen, die über mehrere Tage verteilt kleine Mengen trinken, eine geringere Sterblichkeitsrate haben als Personen, die dieselbe Menge in 1–2 Tagen konsumieren. Ein wenig über mehrere Tage verteilt ist also besser als viel in kurzer Zeit. Aber ich empfehle trotzdem, mehrere alkoholfreie Tage in der Woche einzulegen.

Wie viele Kalorien stecken in einem Drink?

Bier 4 % 0,5 l	183 Kalorien
Rotwein 12 % 175 ml	147 Kalorien
Weißwein 12 % 175 ml	147 Kalorien
Schnaps 40 % 25 ml	61 Kalorien
Champagner 12 % 125 ml	89 Kalorien
Martini 90 ml	165 Kalorien
Cosmopolitan 120 ml	244 Kalorien
Margarita 120 ml	168 Kalorien
Manhattan 120 ml	187 Kalorien
Pina Colada 260 ml	490 Kalorien

Was hilft gegen einen Kater?

Das einzige wirkliche Mittel gegen einen Kater besteht darin, mäßig oder gar nicht zu trinken. Aber wenn es doch mal passiert ist, gibt es Abhilfe. Gemeint sind natürlich nicht die althergebrachten Mittel wie fettes oder frittiertes Essen oder gleich noch ein Glas. Die Schwere eines Katers hat viel mit dem Nährstoffstatus vor dem Alkoholkonsum zu tun, vor allem mit dem Vitamin B_3- und Zinkspiegel. Eine Mahlzeit mit Lebensmitteln, die reich an diesen Nährstoffen sind, z. B. Lachs mit Quinoa oder Garnelen mit braunem Reis, bringt dich wieder auf die Beine. Und es gibt noch andere Möglichkeiten:
– Ein elektrolyt- und kaliumreiches Getränk wie Kokoswasser trinken.
– Ein Ingwerbonbon lutschen, Ingwertee trinken oder gehackten Ingwer in Joghurt oder einen Smoothie essen.
– Ein ausgewogenes Frühstück. Achte auf nährstoffreiche, flüssigkeitsspendende Lebensmittel und hochwertiges Eiweiß wie fettreichen Fisch, Bohnen und Hülsenfrüchte.
– Ausschwitzen. Ein Workout setzt in deinem Körper Endorphine frei und beschleunigt den Stoffwechsel, sodass der Alkohol schneller abgebaut wird.
– Etwas Koffein. Kaffee ist ein Diuretikum, das die Dehydrierung fördern kann, darum unbedingt ein Glas Wasser dazu trinken.
– Ein Nickerchen machen, wenn der Alkohol den Nachtschlaf gestört hat.

Auf Alkohol verzichten

Immer mehr Menschen hinterfragen, was sie ihrem Körper zuführen und welche Auswirkungen es auf die körperliche und geistige Gesundheit hat. Wir wissen, dass Alkohol unsere Darmflora und unseren Schlaf stört und zu Anspannung und Depressionen beiträgt. Kein Wunder also, dass er in die Schusslinie geraten ist.

Die Zahl der Menschen, die darüber nachdenkt, ganz auf Alkohol zu verzichten, nimmt stetig zu. Und das sind nicht nur Personen, die abhängig sind oder bereits Gesundheitsschäden davongetragen haben. Viele finden einfach, dass Alkohol ihr Leben nicht bereichert.

6. TRINKEN

Wenn du also keine Lust mehr hast, dich mit einem Kater herumzuplagen oder dir Gedanken darüber zu machen, was du in der Nacht zuvor gesagt, getan oder geschrieben hast, lies die folgenden Tipps.

9 Tipps für ein Leben ohne Alkohol

1. Tritt alkoholfreien Instagram- und Facebook-Gruppen bei. In diesen Foren gibt es eine Menge Unterstützung, Inspiration und Motivation.
2. Sprich mit deinen Freunden darüber. Wenn du anderen davon erzählst, fällt es dir leichter, dich an deinen Vorsatz zu halten, und sie können dich unterstützen.
3. Suche dir Aktivitäten, die es dir leichter machen, alkoholfrei zu leben. Treibe Sport, gehe wandern, organisiere einen Filmabend, melde dich zu einem Abendkurs an, lade zu einem Spieleabend ein.
4. Wappne dich. Wenn du zu einer Party oder Veranstaltung gehst, auf der getrunken wird, überlege dir im Voraus, was du anstelle von Alkohol trinken wirst. Alkoholfreies Bier schmeckt genauso gut wie das Original und ist eine gute Alternative, wenn man nicht auffallen möchte. Auch alkoholfreie Weine und Cocktails werden immer häufiger angeboten.
5. Nutze den katerfreien Morgen. Du könntest kochen, dich mit Freunden zum Frühstück treffen, etwas Neues lernen oder zum Sport gehen.
6. Höre dir Podcasts zum Thema an oder lies Bücher darüber.
7. Nimm an einem Online-Kurs zur Alkohol-Entwöhnung teil.
8. Lade dir eine Nüchternheits-App herunter.
9. Tritt einer Organisation bei, die Menschen hilft, mit dem Trinken aufzuhören. Das ist auch eine Gelegenheit, neue Menschen kennenzulernen.

Aktiv werden

1. **Erfrischungsgetränke mit Zucker** oder künstlichen Süßstoffen vom Speiseplan streichen.
2. **Vorsicht vor versteckten Kalorien** in trendigen Kaffeegetränken und Smoothies.
3. **Ausreichend Wasser trinken!** Versuche, die Empfehlungen der Gesundheitsexperten einzuhalten und denke daran, dass du bei körperlicher Anstrengung und Hitze mehr Wasser brauchst.
4. **Schränke deinen Alkoholkonsum ein** oder schließe dich der wachsenden Zahl derer an, die ganz auf Alkohol verzichten.

Viele nehmen sich für ihre Mahlzeiten nicht wirklich Zeit. Wie oft kommt es vor, dass wir unser Essen gedankenlos in uns hineinschaufeln: auf der Fahrt zur Arbeit, im Büro vor dem Computerbildschirm oder zu Hause vor dem Fernseher. Wir essen, während wir etwas anderes tun, die Mahlzeit wird zur Nebensache. Das führt oft dazu, dass wir den Teller leer essen, ohne uns dessen so richtig bewusst zu sein. Außerdem essen wir oft aus Gründen, die wenig mit Hunger und mehr mit Emotionen zu tun haben, beispielsweise um Stress abzubauen oder um mit Langeweile, Einsamkeit, Traurigkeit oder Angst fertig zu werden. Wer sich aber wirklich auf sein Essen konzentriert, kann seine Ernährung verbessern, Heißhungerattacken bewältigen und sogar abnehmen.

Essen und Nahrungsaufnahme sind zwei sehr unterschiedliche Dinge. Der Verdauungsprozess beginnt mit der Zubereitung der Nahrung. Schon die Gerüche und Farben machen unseren Körper darauf aufmerksam, dass er sich auf die Verdauung vorbereiten muss. Er produziert mehr Speichel und beginnt, Verdauungsenzyme zu produzieren. Wenn wir diesen Teil des Verdauungsprozesses ausschalten, können wir den Nutzen, den wir aus der Nahrung ziehen, gar nicht optimal ausschöpfen.

Was heißt achtsam essen?

Beim achtsamen Essen geht es darum, darauf zu achten, wie man sich beim Essen und Trinken fühlt, wie jeder Bissen beschaffen ist und schmeckt, wie der Körper Hunger und Sättigung signalisiert und wie sich verschiedene Lebensmittel auf Energie und Stimmung auswirken. Es hat wenig mit Kalorien, Kohlenhydraten, Fett oder Eiweiß zu tun. Es geht nicht ums Abnehmen, sondern vielmehr darum, den Moment und das Essen zu genießen und sich der Essenserfahrung bewusst zu sein. Dazu ist wichtig, die aufkommenden Emotionen, Gedanken und Körperempfindungen wahrzunehmen, aber nicht zu bewerten.

Achtsam zu essen heißt nicht, Kalorien zu zählen, sich einzuschränken, die »richtigen« Dinge zu verzehren, nie wieder nebenbei zu essen oder alles richtig zu machen. Es bedeutet vielmehr, mit allen Sinnen bei der Sache zu sein – wenn du einkaufst, kochst, servierst und isst. Selbst wenn du nur einige Mahlzeiten in der Woche auf diese Weise isst, kannst du dich besser auf deinen Körper einstellen. Das kann es dir erleichtern, bessere Ernährungsgewohnheiten anzunehmen, die dir mehr Wohlbefinden schenken. Und es kann helfen, übermäßiges Essen zu vermeiden.

Der Nutzen achtsamen Essens

Obwohl sich die Forschung auf diesem Gebiet noch in den Anfängen befindet, scheint achtsames Essen viele Vorteile für die körperliche und psychische Gesundheit zu haben:

- Besseres Verständnis für Körpersignale wie Hunger, Appetit und Sättigung
- Bessere Beziehung zum Essen
- Nur bei Hunger essen
- Heißhungerattacken nicht nachgeben
- Eine Mahlzeit beenden, wenn die Sättigung einsetzt
- Essanfälle vermeiden
- Emotionales Essen stoppen
- Gewichtsverlust
- Stärkung der Herzgesundheit
- Ausgeglicheneler Blutzuckerspiegel
- Gesündere Reaktionen auf Stress
- Mehr Abwechslung beim Essen
- Weniger Zeit damit verbringen, über das Essen nachzudenken
- Entschleunigen und eine Pause von der Hektik des Alltags einlegen, um Stress und Ängste abzubauen
- Bessere Verdauung durch langsameres Essen
- Sich schneller satt fühlen und dadurch weniger essen

Wie isst man achtsam?

1. **Eine Einkaufsliste schreiben.** Den Nährwert jedes Artikels auf der Liste bedenken und die Liste einhalten, um Spontankäufe zu vermeiden.
2. **Keine Mahlzeiten auslassen.** Übermäßiger Hunger führt leicht dazu, dass man sich alles in den Mund stopfen möchte, sodass man am Ende nicht mehr wirklich über die Qualität der Lebensmittel nachdenkt oder das Essen genießt.
3. **Zum Essen an den Küchen-/Esstisch setzen.** Nicht zusammengekauert auf dem Sofa oder vor einem Computerbildschirm essen.
4. **Mit einer kleinen Portion beginnen.** Du kannst später nachnehmen. Wenn du einen Frühstücksteller und kleineres Besteck benutzt, kann das dazu beitragen, dass du langsamer isst und letztlich weniger zu dir nimmst.
5. **Das Essen wertschätzen.** Atme vor dem Essen viermal tief durch die Nase ein und durch den Mund aus. Oder halte einen Moment inne, bevor du mit dem Essen beginnst, um darüber nachzudenken, was nötig war, um die Mahlzeit auf deinen Tisch zu bringen. Sei dankbar dafür, etwas Gutes zu essen zu haben – und vielleicht nette Menschen am Tisch.
6. **Sei aufmerksam.** Nimm das Essen mit allen Sinnen wahr. Achte beim Kochen, Servieren und Essen auf Farbe, Beschaffenheit, Geruch und auf die Geräusche, die die verschiedenen Lebensmittel bei der Zubereitung machen. Versuche, beim Kauen alle Zutaten herauszuschmecken, vor allem die Gewürze.
7. **Kleine Bissen.** Fülle die Gabel nicht zu voll. Du kannst auch versuchen, mit kleinerem Besteck von einem kleineren Teller zu essen.
8. **Langsam essen.** Versuche, das Besteck zwischen zwei Bissen abzulegen.
9. **Jeden Bissen gründlich kauen.** Weiche Lebensmittel wie eine Banane mindestens 15-mal kauen, festere wie ein Steak 30-mal. Versuche, dein Essen wirklich zu schmecken.

7. ACHTSAM ESSEN

Für die meisten ist es unrealistisch, jeden Bissen oder jede Mahlzeit achtsam zu genießen. Oft bleibt uns nur die Wahl, nebenbei zu essen oder auf das Essen zu verzichten. Zum Glück geht es bei der Achtsamkeit nicht um vollkommene Perfektion. Es genügt schon, wenn du dich häufig bemühst, nicht gedankenlos zu essen oder die Hunger- und Sättigungssignale deines Körpers zu ignorieren.

Überlege auch, ob du wirklich hungrig bist oder aus emotionalen Gründen isst. Vielleicht bist du gelangweilt, einsam, traurig oder nervös? In diesem Fall solltest du dich mit den Faktoren auseinandersetzen, die diesem Gefühl zugrunde liegen. Hinterfrage, ob das Essen einen ernährungsphysiologischen Wert hat oder dir emotionalen Trost spendet. Und wenn du am Schreibtisch essen musst, versuche, dir einige Augenblicke Zeit nehmen, um dich ganz auf dein Essen zu konzentrieren, statt dich von Computer oder Telefon ablenken zu lassen.

Jedes Quäntchen Achtsamkeit zählt. Je mehr du dich entschleunigen kannst, dich ausschließlich auf dein Essen konzentrierst und auf deinen Körper hörst, desto zufriedener wirst du mit deinem Essen sein und desto bessere Ernährungsgewohnheiten wirst du entwickeln.

Achtloses Essen	**Achtsames Essen**
Verzehr von hochverarbeiteten Lebensmitteln, Junkfood oder Bequemlichkeitsessen	Verzehr von ernährungsphysiologisch wertvollen Lebensmitteln
Essen, ohne nachzudenken oder während man anderes tut (Autofahren, Arbeiten, Lesen …)	Die ganze Aufmerksamkeit auf das Essen und die Erfahrung des Essens richten.
Emotionales Essen (aus Langeweile, Stress, Traurigkeit, Einsamkeit)	Nur essen, um den körperlichen Hunger zu stillen.
Schnell und hastig essen.	Langsam essen und jeden Bissen genießen.
Essen, bis der Teller leer ist, ohne auf die Signale des Körpers zu achten.	Auf die Signale des Körpers hören und nur essen, bis man satt ist.

Die Beziehung zum Essen

Du weißt inzwischen, dass vollwertige, abwechslungsreiche Nahrung mit wenig Zucker und raffinierten Kohlenhydraten die optimale Ernährung ist. Wenn es ausreichen würde, diese Grundsätze zu kennen, wäre niemand übergewichtig oder süchtig nach Junkfood. Achtsames Essen ist das fehlende Puzzleteil. Wer achtsam isst, ist besser im Einklang mit seinem Körper und spürt, wie sich die verschiedenen Lebensmittel auf Körper, Geist und Emotionen auswirken. Dadurch fällt es leichter, sich zu motivieren und gute Lebensmittel zu wählen. Du erkennst zum Beispiel, dass der Appetit auf salzige Pizza die Folge eines Katers ist, oder dass du bei Müdigkeit zuckerhaltigen Snacks nicht widerstehen kannst, hast aber danach ein schlechtes Gewissen? Diese Wahrnehmung ist der erste Schritt, um solche Gelüste zu kontrollieren und stattdessen zu gesünderen Optionen zu greifen, die deine Energie und deine Stimmung verbessern.

Essen und Gefühl

Es ist wichtig, sich bewusst zu machen, wie sich verschiedene Lebensmittel anfühlen – nicht nur nach dem Schlucken, sondern auch nach 5 Minuten, einer oder mehreren Stunden und ganz allgemein über den Tag hinweg. Die folgende Übung hilft, den Zusammenhang zwischen dem, was du isst, und dem, wie du dich dabei fühlst, zu erkennen.

1. **Iss so, wie du normalerweise essen würdest.** Wähle die Lebensmittel, die Mengen und die Essenszeiten, die du normalerweise isst, aber übe dich dabei in Achtsamkeit.
2. **Achte darauf, wie du dich fühlst** – sowohl körperlich als auch emotional – 5 Minuten nach dem Essen, 1 Stunde nach dem Essen und mehrere Stunden nach dem Essen. Bewirkt das Essen eine Veränderung? Fühlst du dich energiegeladen oder schläfrig? Fühlst du dich besser oder schlechter?
3. **Schreibe auf, was du isst und wie du dich fühlst,** einschließlich der Zwischenmahlzeiten. Notiere die Lebensmittel sofort oder nutze eine App, sonst kannst du dich nicht an alles erinnern.

Mit Essgewohnheiten experimentieren

Wenn du den Zusammenhang zwischen deiner Ernährung und deinem körperlichen und geistigen Wohlbefinden erkennst, kannst du bei der Wahl deiner Lebensmittel auf deinen Körper hören. Vielleicht stellst du fest, dass du dich nach dem Verzehr von Kohlenhydraten stundenlang schwer und träge fühlst. In diesem Fall könntest du versuchen, auf Vollkornprodukte umzusteigen und mehr Eiweiß in die Mahlzeit zu integrieren. Je nach genetischer Veranlagung und Lebensstil wirken sich Lebensmittel individuell unterschiedlich aus. Du musst also ausprobieren, welche Lebensmittel und Kombinationen für dich am besten geeignet sind. Dabei hilft dir folgende Übung.

1. Ändere deine Essenszeiten. Versuche, innerhalb eines kleineren Zeitfensters am Tag zu essen, drei Mahlzeiten gleichmäßig über den Tag verteilt einzunehmen oder drei Mahlzeiten mit zwei Zwischenmahlzeiten.
2. Wenn du Fleischesser bist, probiere zwei oder drei fleischlose Tage aus.
3. Lass rotes Fleisch weg und iss nur Huhn und Fisch.
4. Streiche bestimmte Lebensmittel von deinem Speiseplan, z. B. Salz, Zucker, Kaffee oder stark verarbeitete Lebensmittel. Wie wirkt sich das auf dein Wohlbefinden aus?
5. Probiere verschiedene Lebensmittelkombinationen aus. Versuche, zu einer Mahlzeit jeweils nur Kohlenhydrate, Proteine, Gemüse oder Obst zu essen.

Notiere alles, was du während dieser Experimente an dir beobachtest. So kannst du herausfinden, mit welchen Essgewohnheiten du dich besser fühlst, und mit welchen schlechter.

Probiere 2–3 Wochen lang verschiedene Arten, Kombinationen und Mengen von Lebensmitteln aus und beobachte, wie du dich geistig, körperlich und emotional fühlst. Da jeder Mensch anders ist, kannst du selbst am besten entscheiden, was für dich gut ist und was nicht. Wenn du lernst, auf deinen Körper zu hören, wirst du wissen, was er braucht.

7. ACHTSAM ESSEN

8 Tipps für achtsames Essen im Alltag

Anfangs ist es gar nicht so einfach, achtsam zu essen. Immerhin geht es darum, eingefahrene Gewohnheiten zu verändern. Ein paar Tricks machen es dir leichter.

1. **Nicht zu viel auf den Teller:** Achte auf die Portionsgrößen, wenn du eine Mahlzeit zusammenstellst (Seite 22–23). Die Ansicht, dass Kohlenhydrate die Basis bilden sollten, ist inzwischen überholt. Besser ist es, mit dem Gemüse zu beginnen und etwa die Hälfte des Tellers damit zu füllen. Ein weiteres Viertel sollten – möglichst vollwertige – Kohlenhydrate einnehmen, und das letzte Viertel füllst du mit einem mageren Proteinträger. Fülle den Teller nicht zu voll. Du kannst später noch einen Nachschlag nehmen. Dadurch dauert deine Mahlzeit länger, dein Körper hat mehr Zeit, die Sättigung zu registrieren und du isst wahrscheinlich weniger.

2. **Reste für morgen aufheben:** Du musst nicht alles aufzuessen! Falls du mehr gekocht hast, als du brauchst, verwende die Reste für eine Mahlzeit am nächsten Tag.

3. **Vorsicht bei Portionsgrößen von Fertiggerichten:** Diese sind im Laufe der Jahrzehnte immer größer geworden. Wenn du also abgepackte Lebensmittel isst (aber hoffentlich entscheidest du dich größtenteils für selbst gekochte Mahlzeiten), sei dir bewusst, dass die vom Hersteller festgelegte Portionsgröße möglicherweise für dich nicht passt. Wenn die Portion insgesamt zu groß ist oder nicht genug Gemüse enthält, halbiere sie einfach und gib mehr Gemüse dazu.

4. **Clever essen im Restaurant:** Die Gemüseportionen sind in den meisten Restaurants zu klein. Überlege, wie das Idealverhältnis auf dem Teller sein sollte, und versuche, entsprechend zu bestellen. Dabei musst du dich nicht an die Speisekarte halten. Ich nehme häufig zwei Vorspeisen statt eines Hauptgerichts. Du könntest auch eine Vorspeise wählen, dir das Hauptgericht mit jemandem teilen und eine Gemüsebeilage dazu bestellen.

5. **Essen zum Mitnehmen:** Auch dabei kannst du die Portionen verkleinern. Wenn die Speisen in einer Box sind, lege sie auf einen Teller, damit du die Portionsgröße besser erfassen kannst. Wenn du dagegen direkt aus der Box isst, ist es schwieriger, die Menge abzuschätzen. Es ist ohnehin ratsam, den Verzehr von Imbissprodukten zu reduzieren, weil sie oft stark gesalzen sind, um den Geschmack und die Haltbarkeit zu verbessern. Außerdem werden sie häufig mit viel Fett und Zucker zubereitet.

6. **Ernährungstagebuch führen:** Wie oft stecken wir etwas in den Mund und haben es gleich darauf vergessen! Ein Ernährungstagbuch hilft, sich seiner Essgewohnheiten bewusst zu werden. Meine Kundinnen und Kunden sind oft überrascht, wie ihre Ernährung aussieht, wenn sie alles aufgeschrieben haben. Das wiederum hat meistens einen positiven Einfluss auf ihre Lebensmittelauswahl und Portionsgrößen.

7. **Ein Dessert muss nicht sein:** Wenn du gewohnheitsgemäß nach dem Essen zu etwas Süßem greifst, versuche 10 Minuten lang zu widerstehen. Meistens verfliegt die Lust innerhalb dieser Zeit. Es kann auch helfen, in dieser Zeit eine Tasse Tee zu kochen und zu trinken, Wenn du dann immer noch Lust auf etwas Süßes hast, sind ein oder zwei Stückchen dunkle Schokolade die beste Wahl.

8. **Pausen zwischen den Mahlzeiten:** Lege zwischen den Mahlzeiten Pausen ein, statt dauernd etwas zu knabbern. Die Verdauung von Nahrung ist ein energieaufwendiger und entzündlicher Prozess. Wenn du den ganzen Tag über snackst, wird dein Verdauungssystem unnötig belastet. Wenn du dich dagegen auf drei Mahlzeiten und – falls nötig – zwei Zwischenmahlzeiten beschränkst, gönnst du deinem Körper Erholungspausen. Dadurch kann er die Nahrung insgesamt besser verdauen. Es hilft auch, jeden Tag ungefähr zu den gleichen Zeiten zu essen.

Intervallfasten

Intervallfasten (IF) ist ein Ernährungsprinzip, bei dem zwischen Fasten- und Essensperioden gewechselt wird. Dabei wird meist nicht vorgeschrieben, welche Lebensmittel verzehrt werden, sondern wann sie gegessen werden. Die gängigsten Modelle sind:

- 16/8: Das Frühstück wird ausgelassen, gegessen wird nur in einem Zeitfenster von 8 Stunden, zum Beispiel zwischen 13 und 21 Uhr.
- Fastentage: Zweimal pro Woche wird 24 Stunden lang gefastet, zum Beispiel vom Abendessen des ersten Tags bis zum Abendessen des zweiten Tags.
- 5:2-Diät: An zwei nicht aufeinanderfolgenden Tagen werden nur 500–600 Kalorien aufgenommen, an den restlichen 5 Tagen der Woche wird normal gegessen.

> FAKTENCHECK
>
> **Spielt die Essenszeit eine Rolle?**
> Es gibt keine stichhaltigen Forschungsergebnisse darüber, wann die beste Tageszeit zum Essen ist. Wichtiger scheint die Regelmäßigkeit zu sein. So werden Kalorien, die spät abends gegessen werden, nicht automatisch in Fettpölsterchen umgewandelt. Ich empfehle aber, keine Mahlzeiten auszulassen, sondern regelmäßig zu essen, um den Körper bei Laune zu halten.

Wer das Intervallfasten ausprobieren will, muss selbst herausfinden, welches Modell sich am besten eignet. Generell aber wird empfohlen, die Nahrungsaufnahme auf ein Zeitfenster von 10–12 Stunden zu beschränken, damit der Darm genug Zeit hat, um sich zu erholen und zu regenerieren. Wenn du also um 8 Uhr frühstückst, solltest du die letzte Mahlzeit bis 20 Uhr zu dir nehmen.

Vorteile des Intervallfastens

Intervallfasten hilft beim Abnehmen, allerdings nicht besser als eine herkömmliche kalorienreduzierte Ernährung. Doch Studien haben gezeigt, dass das Fasten helfen kann, das Risiko für Insulinresistenz – und damit für Diabetes – zu reduzieren. Außerdem scheint sich durch das Fasten die Effizienz der Fettverbrennung nach einer Mahlzeit zu verbessern und so das Risiko für Herz-Kreislauf-Erkrankungen zu sinken. Diabetiker müssen ihren Blutzuckerspiegel beim Fasten genau überwachen, um eine Unterzuckerung zu vermeiden.

Aktiv werden

1. Bevor du mit dem Essen beginnst, atme viermal tief durch die Nase ein und durch den Mund aus.
2. Setze dich zum Essen an einen Tisch, statt dich auf die Couch zu lümmeln.
3. Konzentriere dich auf das Essen und kaue bewusst. Lass den Fernseher aus und lege das Handy zur Seite.
4. Lege Messer und Gabel zwischen zwei Bissen ab.
5. Achte auf die Portionsgrößen. Benutze kleinere Teller und kleineres Besteck.
6. Höre auf deinen Körper. Nimm das Sättigungssignal wahr.
7. Gönne deinem Körper zwischen den Mahlzeiten eine Pause und halte dich an regelmäßige Essenszeiten.

Frühstück & Brunch

75	**Haferflocken mit Banane und Walnüssen**
75	**Apfel-Porridge mit Rosinen**
75	**Blitz-Frühstück**
75	**Müsli**
77	**Leinsamenpudding**
77	**Gebackener Porridge mit Karotten**
78	**Kurkuma-Porridge**
81	**Schoko-Bananen-Porridge**
82	**Chiapudding mit Himbeeren**
85	**Spinat-Bananen-Pfannkuchen**
86	**Shakshuka mit Pilzen**
88	**Riesenbohnen mit Tomaten auf Toast**
88	**Hüttenkäse-Toast mit Avocado**
91	**Herzhaftes Ofengemüse**

Frühstück auf die Schnelle

Haferflocken mit Banane und Walnüssen Für 1 Person

40 g Haferflocken

175 ml Mandeldrink

2 TL Chiasamen

1 Banane, zerdrückt

75 g Heidelbeeren

½ TL gemahlener Zimt

1 Handvoll Walnusskerne, grob gehackt

Alle Zutaten in einer Schüssel verrühren und in ein passendes Gefäß füllen. Sofort genießen oder als Overnight Oats abgedeckt über Nacht im Kühlschrank quellen lassen.

Apfel-Porridge mit Rosinen Für 1 Person

40 g Haferflocken

½ EL Chiasamen

½ TL gemahlener Zimt

240 ml Mandeldrink

1 Apfel, entkernt und mit Schale gerieben, plus mehr zum Servieren (nach Belieben)

1 TL Rosinen

Nussmus zum Servieren

Alle Zutaten in einer Schüssel verrühren und in ein passendes Gefäß füllen. Sofort genießen oder abgedeckt über Nacht im Kühlschrank quellen lassen. Nach Belieben vor dem Servieren noch etwas geriebenen Apfel und Nussmus daraufgeben.

Blitz-Frühstück Für 1 Person

40 g Haferflocken

185 ml Mandeldrink

60 g Naturjoghurt oder Kefir

1 EL frisch gemahlene Leinsamen

1 Handvoll Walnusskerne, grob gehackt

150 g Heidelbeeren

Alle Zutaten in einer Schüssel vermischen und in ein passendes Gefäß füllen. Sofort genießen oder als Overnight Oats abgedeckt über Nacht im Kühlschrank quellen lassen.

Müsli Ergibt etwa 6 Portionen

240 g Haferflocken

50 g Kokosraspel

80 g Rosinen

150 g Mandeln

30 g Kürbiskerne

30 g Sonnenblumenkerne

Alle Zutaten in ein großes Gefäß geben. Kräftig schütteln, bis alles gut gemischt ist. Das Müsli mit Milch oder Pflanzendrink und frischen Früchten servieren. Luftdicht verschlossen aufbewahrt ist das Müsli etwa 1 Monat haltbar.

Leinsamenpudding Für 1 Person

Zutaten

3 EL frisch gemahlene Leinsamen

150 ml Pflanzendrink

1 Banane, grob zerteilt

1 Dattel (entsteint)

Beeren oder andere Früchte zum Servieren

Zubereitung

1. Leinsamen in einer Schüssel mit dem Pflanzendrink übergießen und mindestens 4 Stunden (besser über Nacht) im Kühlschrank quellen lassen.

2. Am nächsten Morgen die Leinsamenmischung mit Banane und Dattel in einen Mixer geben und cremig pürieren.

3. Den Leinsamenpudding in einer Schüssel anrichten, mit Beeren oder Früchten garnieren und servieren.

Gebackener Porridge mit Karotten
Für 1 Person

Zutaten

50 g Haferflocken

½ Karotte, abgebürstet und geraspelt

230 ml Milch oder Pflanzendrink (am besten Mandeldrink)

½ TL Vanilleextrakt oder Mark von ½ Vanilleschote

½ TL gemahlener Zimt

½ TL Muskatnuss

1 Prise Salz

1 gehäufter EL Rosinen (nach Belieben)

natives Olivenöl extra oder Kokosöl für die Form

Toppings

Naturjoghurt

Honig oder Ahornsirup

Kürbiskerne

Walnusskerne

Bio-Orangenzesten

Heidelbeeren

Zubereitung

1. Den Backofen auf 200 °C vorheizen. Eine kleine ofenfeste Form mit Öl einfetten.

2. Alle Zutaten in einer Schüssel verrühren. Die Mischung in die Form füllen und im Ofen etwa 25 Minuten backen, bis die Ränder goldbraun sind.

3. Den Porridge aus dem Ofen nehmen und etwa 10 Minuten abkühlen lassen. Danach mit Joghurt beträufeln und nach Belieben süßen. Mit Kernen, Nüssen, Orangenzesten und Beeren garnieren. Den Porridge aus der Form genießen.

Kurkuma-Porridge Für 1 Person

Zutaten

40 g Haferflocken

240 ml Kokosmilch

½ TL gemahlene Kurkuma

¼ TL gemahlener Ingwer

1 TL gemahlener Zimt

1 TL Honig oder Ahornsirup (nach Belieben)

Toppings

geröstete Mandelblättchen

Heidelbeeren oder andere Früchte

Naturjoghurt

Zubereitung

1. Haferflocken und Kokosmilch in einen Topf geben. Bei mittlerer Hitze aufkochen und etwa 5 Minuten köcheln lassen.

2. Kurkuma, Ingwer und Zimt einrühren. Falls der Porridge zu fest wird, noch etwas Kokosmilch oder Wasser unterrühren. Den Porridge zuletzt mit Honig süßen.

3. Für die Toppings die Mandelblättchen in einer kleinen Pfanne ohne Fett rösten, bis sie duften und leicht gebräunt sind.

4. Den Porridge in einer Schale anrichten. Mit Joghurt, Heidelbeeren und gerösteten Mandelblättchen garnieren und genießen.

Schoko-Bananen-Porridge Für 1 Person

Zutaten

1 reife Banane

40 g Haferflocken

240 ml Milch oder Pflanzendrink (am besten Mandeldrink)

1 TL Kakaopulver

1 EL gehackte Nusskerne (am besten Haselnusskerne)

1 EL frisch gemahlene Leinsamen

1 Handvoll Heidelbeeren

Ahornsirup zum Servieren

Zubereitung

1. Die Banane schälen und eine Hälfte in einer Schüssel zerdrücken. Die zweite Hälfte in Scheiben schneiden und zum Servieren beiseitestellen.

2. Haferflocken, Milch, Kakaopulver, Nüsse, Leinsamen und zerdrückte Banane in einem Topf verrühren.

3. Bei mittlerer Hitze aufkochen und 3–5 Minuten köcheln lassen, bis die gewünschte Konsistenz erreicht ist. Falls der Porridge zu fest wird, noch etwas Milch zufügen.

4. Den Porridge in einer Schale anrichten. Mit Bananenscheiben, Heidelbeeren und Ahornsirup garnieren und genießen.

Chiapudding mit Himbeeren Für 1 Person

Zutaten

120 g Naturjoghurt oder vegane Joghurtalternative

120 ml Mandeldrink

35 g Chiasamen

125 g Himbeeren

Zubereitung

1. Joghurt, Mandeldrink und Chiasamen in einer Schüssel verrühren. Die Mischung in ein Glas oder ein anderes Gefäß füllen und abgedeckt mindestens 2 Stunden (besser über Nacht) im Kühlschrank quellen lassen.

2. Kurz vor dem Servieren die Himbeeren im Mixer glatt pürieren. Ist das Püree zu fest, noch 1 Schuss Wasser untermixen.

3. Das Himbeerpüree auf dem Chiapudding im Glas anrichten und genießen.

Spinat-Bananen-Pfannkuchen

Für 2 Personen

Zutaten

1–2 Bananen

2 große Handvoll Spinat, gewaschen

320 ml Pflanzendrink

280 g Mehl (am besten Buchweizenmehl)

1 TL Natron

½ TL Salz

natives Olivenöl extra zum Braten

Toppings

Nussmus (am besten Erdnussmus)

Kokosjoghurt

Bananenscheiben

Ahornsirup oder Honig

Zubereitung

1. Bananen, Spinat und Pflanzendrink in einer Küchenmaschine oder in einem Mixer cremig pürieren.

2. Das Püree in eine Schüssel umfüllen. Mehl, Natron und Salz zufügen und alles zu einem glatten Teig verrühren,

3. Etwas Olivenöl in einer Pfanne bei mittlerer Hitze heiß werden lassen.

4. Eine Kelle Teig in die Pfanne geben und zu einem Kreis (10 cm Ø, 1 cm dick) verstreichen. Den Pfannkuchen von jeder Seite in etwa 5 Minuten goldbraun braten, dann herausnehmen. Mit dem restlichen Teig wiederholen und so 4–5 Pfannkuchen backen.

5. Die Pfannkuchen mit Nussmus, Kokosjoghurt, Bananenscheiben und Ahornsirup garnieren und servieren.

Shakshuka mit Pilzen Für 2–4 Personen

Zutaten

natives Olivenöl extra zum Braten

1 Zwiebel, gewürfelt

1 rote Paprika, in Streifen geschnitten

2 große braune Champignons (z. B. Portobello) oder andere Pilze, in Scheiben geschnitten

4 kleine Tomaten, in Würfel geschnitten

4 Knoblauchzehen, zerdrückt

Salz, Pfeffer

1 TL Paprikapulver

1 Dose geschälte Tomaten (400 g)

1 TL Za'atar

1 EL frisch gehackte Petersilie, plus mehr zum Servieren

2 große Handvoll Spinat, gewaschen

4 Bio-Eier

1 kleine Handvoll Basilikum, gehackt

Sauce

6 EL Naturjoghurt

abgeriebene Schale und Saft von 1 Bio-Zitrone

2 Knoblauchzehen, zerdrückt

Zubereitung

1. Den Backofen auf 190 °C vorheizen. Etwas Olivenöl in einer großen ofenfesten Pfanne erhitzen.

2. Zwiebel, Paprika, Champignons und Tomaten im Öl bei mittlerer Hitze etwa 5 Minuten anbraten, bis das Gemüse weich wird.

3. Knoblauch, Salz, Pfeffer und Paprikapulver zum Gemüse geben und 1 Minute mitbraten.

4. Dosentomaten, Za'atar und Petersilie zufügen und alles etwa 10 Minuten köcheln lassen.

5. Danach den Spinat auf die Tomatensauce streuen und zusammenfallen lassen.

6. Mit einem Esslöffel vier Mulden in die Sauce drücken und jeweils 1 Ei hineinschlagen.

7. Die Shakshuka im Ofen 8–10 Minuten backen, bis die Eier gerade gestockt sind. Dabei gegen Ende der Garzeit darauf achten, dass die Eier nicht zu fest werden.

8. Inzwischen für die Sauce alle Zutaten in eine hitzebeständige Schüssel geben. Die Schüssel auf ein heißes Wasserbad setzen und die Sauce 5–8 Minuten unter Rühren erhitzen.

9. Die Shakshuka in Schalen anrichten. Mit der Zitronen-Joghurt-Sauce beträufeln, mit Basilikum und Petersilie bestreuen. Mit Sauerteigbrot zum Dippen servieren.

Riesenbohnen mit Tomaten auf Toast Für 2 Personen

Zutaten

- natives Olivenöl extra zum Braten
- 1 Schalotte, gewürfelt
- 120 g Pilze, in Scheiben geschnitten
- 1 Knoblauchzehe, in Scheiben geschnitten
- 240 g weiße Riesenbohnen (Butterbohnen, aus der Dose), abgetropft
- 120 g Mini-Rispentomaten
- 2 EL Tomatenpaste aus sonnengetrockneten Tomaten oder Tomatenmark
- ½ TL Chiliflocken
- 80 g Kokosjoghurt
- Salz, Pfeffer
- Vollkorntoast oder Sauerteigbrot zum Servieren

Zubereitung

1. Etwas Olivenöl in einer Pfanne erhitzen. Schalotte und Pilze darin bei mittlerer Hitze 4–5 Minuten braten. Den Knoblauch zufügen und 1 Minute mitbraten.

2. Bohnen, Tomaten, Tomatenpaste, Chiliflocken und Joghurt in die Pfanne geben. Mit Salz und Pfeffer würzen und alles 4–5 Minuten köcheln lassen, bis die Bohnen durchgewärmt sind und die Sauce angedickt ist.

3. Die Bohnen-Tomaten-Sauce auf warmem Toastbrot anrichten und servieren.

Hüttenkäse-Toast mit Avocado Für 1 Person

Zutaten

- 2 Scheiben Vollkorn- oder Sauerteigbrot
- ½ Avocado
- 1 Spritzer Zitronensaft, plus mehr zum Beträufeln
- 4 EL Hüttenkäse (körniger Frischkäse)
- natives Olivenöl extra zum Beträufeln
- frisch gehackter Dill (nach Belieben)
- Chiliflocken (nach Belieben)
- Kerne-Samen-Mix (nach Belieben, am besten eine Mischung aus Sonnenblumenkernen, Kürbiskernen und Sesam)
- Salz, Pfeffer (nach Belieben)

Zubereitung

1. Die Brotscheiben im Toaster oder unter dem heißen Grill knusprig rösten.

2. Die Avocado in einer kleinen Schüssel grob zerdrücken und den Zitronensaft zufügen.

3. Den Hüttenkäse auf das getoastete Brot streichen. Die Avocado darauf verteilen und mit Olivenöl und Zitronensaft beträufeln.

4. Nach Belieben mit Dill, Chiliflocken, Kerne-Samen-Mix, Salz und Pfeffer bestreuen.

Herzhaftes Ofengemüse Für 2 Personen

Zutaten

1 Kartoffel, in 2 cm große Würfel geschnitten

natives Olivenöl extra, zum Beträufeln

1 mittelgroße Zwiebel, in Ringe geschnitten

1 rote Chilischote, gewürfelt

2 mittelgroße Tomaten, geviertelt

1 grüne Paprika, in Streifen geschnitten

100 g Champignons, in Scheiben geschnitten

4 Knoblauchzehen, zerdrückt

1 Dose Pintobohnen (400 g, Wachtelbohnen), abgetropft und abgespült

1 EL Paprikapulver

1 TL Chiliflocken

Salz, Pfeffer

4 Bio-Eier

Zum Servieren

frisch gehackter Schnittlauch

Zitronensaft

Naturjoghurt oder Kokosjoghurt

Avocado in Scheiben

Zubereitung

1. Den Backofen auf 180 °C vorheizen, ein Backblech mit Backpapier belegen. Die Kartoffelwürfel auf dem Blech verteilen und im Ofen 10 Minuten backen. Danach mit Olivenöl beträufeln und weitere 10 Minuten backen, bis sie knusprig und leicht gebräunt sind.

2. Inzwischen Zwiebel, Chili, Tomaten, Paprika, Champignons, Knoblauch und Bohnen in eine Schüssel geben. Mit Paprikapulver, Chiliflocken, Salz und Pfeffer würzen und mit Öl beträufeln.

3. Die gebackenen Kartoffeln aus dem Ofen nehmen. Mit der Bohnenmischung in eine ofenfeste Form geben und gut vermischen.

4. Alles im Ofen 15 Minuten backen, bis Gemüse und Kartoffel weich und leicht gebräunt sind.

5. Das Gemüse herausnehmen und durchrühren. Mit einem Esslöffel vier Mulden hineindrücken und jeweils 1 Ei hineinschlagen. Im Ofen nochmals 8 Minuten garen, bis die Eier gerade gestockt sind.

6. Das Ofengemüse mit Schnittlauch bestreuen und mit Zitronensaft beträufeln. Mit Joghurt und Avocado garniert servieren.

Suppen, Salate & Sandwiches

94	Thai-Nudelsuppe mit rotem Curry
97	Grüne Gemüsesuppe
97	Schnelle Erbsen-Bohnen-Suppe
98	Power-Salat
98	Weltbester Gazpacho
101	Caesar Salad mit Grünkohl
103	Nudeln-Bohnen-Eintopf
104	Nizza-Salat mit Kichererbsen
106	Schwedischer Salat mit Dill
109	Ofengemüse-Salat
111	Nudelsalat im Glas
112	TikTok-Tortilla
115	Sandwich mit Avocado, Pilzen, Spinat und Miso
116	Avocado-Gemüse-Panino

Thai-Nudelsuppe mit rotem Curry

Für 2–3 Personen

Zutaten

240 g Hähnchenbrustfilet, in 2,5 cm große Stücke geschnitten

1 EL natives Olivenöl extra

1 Zwiebel, gewürfelt

3 Knoblauchzehen, gehackt

3 EL rote Thai-Currypaste (vorher die Schärfe testen und die Menge evtl. variieren)

1 EL frisch geriebener Ingwer

700 ml Gemüse- oder Hühnerbrühe

1 Dose Kokosmilch (400 ml)

1 rote Paprika, gewürfelt

1 Zucchini, in halbe Scheiben geschnitten

2 große Handvoll Spinat, gewaschen

120 g Reisnudeln

1 EL Fischsauce

Salz, Pfeffer

Zum Servieren

4 Frühlingszwiebeln, in dünne Ringe geschnitten

Koriandergrün, Blätter abgezupft

Limettensaft

Zubereitung

1. In einem Topf Wasser aufkochen. Das Hähnchenbrustfilet hineingeben und 15 Minuten köcheln lassen. Danach aus dem Wasser nehmen und mit zwei Gabeln zerpflücken. Beiseitestellen.

2. In der Zwischenzeit das Olivenöl in einem großen Topf bei mittlerer Hitze heiß werden lassen. Die Zwiebel darin etwa 4 Minuten braten, bis sie glasig ist. Den Knoblauch zufügen und unter gelegentlichem Rühren etwa 1 Minute mitbraten.

3. Currypaste und Ingwer einrühren und etwa 1 Minute mitrösten, bis beide duften.

4. Brühe und Kokosmilch zugießen und aufkochen. Die Hitze dann reduzieren und die Suppe unter gelegentlichem Rühren etwa 10 Minuten köcheln lassen, bis sie leicht reduziert ist.

5. Danach Paprika und Zucchini zur Suppe geben und 5 Minuten darin garen.

6. Hähnchenfleisch, Spinat, Reisnudeln und Fischsauce in die Suppe rühren. Die Suppe noch etwa 5 Minuten köcheln lassen, bis die Nudeln weich sind.

7. Die Suppe vom Herd nehmen. Frühlingszwiebeln, Koriandergrün und Limettensaft einrühren. Die Suppe mit Salz und Pfeffer abschmecken und servieren.

Tipp: Wer kein Fleisch möchte, tauscht das Hähnchenbrustfilet gegen 300 g Tofu. Den Tofu in 2,5 cm große Würfel schneiden und mit der Zwiebel im Olivenöl anbraten, bis der Tofu leicht bräunt. Dann wie beschrieben fortfahren.

SUPPEN, SALATE & SANDWICHES

Grüne Gemüsesuppe Für 2 Personen

Zutaten

1 EL natives Olivenöl extra

1 Zwiebel

4 Knoblauchzehen

1 Brokkoli, in Röschen zerteilt und gehackt (Strunk in Stücke schneiden und mitverwenden)

200 g Erbsen

200 g Spinat, gewaschen

600 ml Gemüse- oder Hühnerbrühe

Salz, Pfeffer

Saft von 1 Zitrone

frisch gehackte Kräuter (z. B. Basilikum, Minze, Dill oder Koriander)

Zum Servieren

Joghurt oder Kokosmilch

frisch gehackte Kräuter (z. B. Basilikum, Minze, Dill oder Koriandergrün)

Kürbiskerne

Zubereitung

1. Das Olivenöl in einem großen Topf erhitzen und die Zwiebel darin bei mittlerer Hitze in etwa 8 Minuten glasig dünsten. Den Knoblauch zufügen und 1 Minute mitgaren. Brokkoli, Erbsen und Spinat zugeben und die Brühe zugießen. Mit Salz und Pfeffer würzen und alles aufkochen. Die Hitze dann reduzieren und die Suppe zugedeckt 25 Minuten köcheln lassen.

2. Zitronensaft und Kräuter einrühren. Die Suppe mit dem Stabmixer oder im Mixer cremig pürieren. In Schalen anrichten, mit einem Klecks Joghurt, Kräutern und Kürbiskernen garnieren und servieren.

Schnelle Erbsen-Bohnen-Suppe Für 4 Personen

Zutaten

2 EL natives Olivenöl extra

1 Zwiebel, gewürfelt

500 ml Gemüse- oder Fleischbrühe

230 g weiße Riesenbohnen (Butterbohnen, aus der Dose), abgetropft

Salz, Pfeffer

500 g Erbsen (frisch oder TK)

400 ml Milch oder Kokosmilch

20 Blätter Minze oder Basilikum

abgeriebene Schale und Saft von 1 Bio-Zitrone

Zum Servieren

natives Olivenöl extra zum Beträufeln

Naturjoghurt oder vegane Joghurtalternative

frisch gehackter Schnittlauch

Basilikum- oder Minzblätter

Frühlingszwiebeln

Zubereitung

1. Das Olivenöl in einem Topf erhitzen. Die Zwiebel darin bei mittlerer Hitze in etwa 5 Minuten glasig dünsten.

2. Brühe und Bohnen zugeben, mit Salz und Pfeffer würzen und alles zugedeckt bei mittlerer Hitze zum Köcheln bringen. Erbsen und Milch zufügen und die Suppe einige Minuten köcheln lassen.

3. Die Suppe dann mit Minze, Zitronenschale und -saft in einen Mixer geben und cremig pürieren. Mit Salz und Pfeffer abschmecken.

4. Die Suppe in Schalen anrichten. Mit Olivenöl beträufeln, mit Joghurt, Kräutern und Frühlingszwiebeln garnieren und servieren.

Power-Salat Für 2 Personen

Zutaten

½ kleiner Weißkohl oder Spitzkohl, fein gewürfelt

1 mittelgroße Salatgurke, fein gewürfelt

1 Bund Frühlingszwiebeln, in Ringe geschnitten

4 TL frisch gehackter Schnittlauch

240 g weiße Bohnen (aus der Dose, z. B. Cannellini- oder Butterbohnen)

2–4 Vollkorn-Tortillas

Dressing

Saft von 2 Zitronen

60 ml natives Olivenöl extra

2 EL Reisessig

2 Knoblauchzehen, gehackt

1 kleine Schalotte, gehackt

20 g Basilikum

30 g Spinat, gewaschen

20 g Nährhefe

25 g Walnusskerne

½ Avocado

1 TL Salz

Zubereitung

1. Kohl, Gurke, Frühlingszwiebeln, Schnittlauch und Bohnen in eine große Schüssel geben.
2. Für das Dressing alle Zutaten in einen Mixer geben und glatt pürieren.
3. Das Dressing über den Salat träufeln und sorgfältig unterheben.
4. Die Tortillas in einer Pfanne rösten. Dann in Dreiecke schneiden und zum Salat servieren.

Weltbester Gazpacho Für 2–4 Personen

Zutaten

1,2 kg aromatische Tomaten (am besten je zur Hälfte Roma- und Kirschtomaten)

1 Salatgurke, grob gewürfelt

2 Knoblauchzehen, zerdrückt

2 EL gehackte weiße Zwiebel

275 ml natives Olivenöl extra

2 TL Zucker

4 EL Rotweinessig

1 TL frisch gehackte rote Chilischote

2 TL Meersalz

2 TL schwarzer Pfeffer

Zum Servieren

¼ Salatgurke, gewürfelt

natives Olivenöl extra zum Beträufeln

1 Scheibe Roggenbrot, in 4 Dreiecke geschnitten und getoastet

Zubereitung

1. Alle Zutaten in einen Mixer füllen und cremig pürieren. Dabei je nach Größe des Behälters eventuell in mehreren Portionen mixen. Die Gazpacho in eine Schüssel umfüllen und abgedeckt mindestens 1 Stunde kühlen.
2. Die Suppe in Schalen anrichten. Mit Gurkenwürfeln garnieren und mit 1 Spritzer Olivenöl beträufeln. Mit getoastetem Brot servieren.

Caesar Salad mit Grünkohl Für 2 Personen

Zutaten

100 g Vollkorn- oder Sauerteigbrot, in 2,5 cm große Stücke zerpflückt

60 ml natives Olivenöl extra

Salz, Pfeffer

1 Dose Kichererbsen (400 g), abgetropft und abgespült

1 großes Bund Grünkohl, Stiele entfernt und Blätter in mundgerechte Stücke geschnitten

1 großer Kopf Römersalat, in mundgerechte Stücke geschnitten

Dressing

140 g Cashewkerne (ungeröstet und ungesalzen)

15 g Nährhefe, plus mehr zum Servieren

60 ml Zitronensaft (von 1–2 Zitronen)

3 Knoblauchzehen

1 TL Dijonsenf

1 TL Misopaste

175 ml gefiltertes Wasser

1 kleines Blatt geröstete Nori-Alge, zerbröselt (nach Belieben)

Salz, Pfeffer

Zubereitung

1. Den Backofen auf 160 °C (Umluft) vorheizen, zwei Backbleche mit Backpapier belegen. Die Brotstücke mit Olivenöl beträufeln, mit Salz und Pfeffer würzen und auf einem Backblech verteilen. Die Kichererbsen in 2 EL Olivenöl schwenken, mit Salz und Pfeffer würzen und auf dem zweiten Backblech verteilen. Brot und Kichererbsen in den Ofen (oben und unten) schieben und knusprig braun backen. Das Brot braucht etwa 10 Minuten, die Kichererbsen etwa 20 Minuten. Beides nach der Hälfte der Garzeit wenden. Aus dem Ofen nehmen.

2. Für das Dressing alle Zutaten in einen Mixer geben und cremig pürieren. Dabei die Mischung zwischendurch regelmäßig von der Becherwand schaben.

3. Grünkohl und Dressing in eine große Schüssel geben und mit den Händen verkneten, bis der Grünkohl etwas weicher wird. Römersalat, Röstbrot und die Hälfte der gerösteten Kichererbsen unterheben. Den Salat mit Nährhefe bestreuen, die restlichen gerösteten Kichererbsen darauf verteilen und servieren.

Nudel-Bohnen-Eintopf Für 6 Personen

Zutaten

natives Olivenöl extra zum Braten

1 mittelgroße Zwiebel, gewürfelt

2 Karotten, mit Schale gewürfelt

2 Stangen Staudensellerie, gewürfelt

Salz, Pfeffer

4 Knoblauchzehen, zerdrückt

1 Dose geschälte Tomaten (400 g)

650 ml Gemüsebrühe

700 ml gefiltertes Wasser

2 Lorbeerblätter

1 TL getrockneter Oregano

¼ TL Chiliflocken

2 Dosen weiße Bohnen oder Kichererbsen (à 400 g), abgespült und abgetropft

120 g kurze Suppennudeln (am besten Vollkorn-Hörnchen)

130 g Grünkohl, Mangold oder Blattkohl, Stiele entfernt, Blätter gehackt oder in mundgerechte Stücke zerpflückt

7 g glatte Petersilie, fein gehackt

1 EL Zitronensaft (von ½ Zitrone)

Zum Servieren

Zitronensaft

frisch gehackte Petersilie

Zubereitung

1. Etwas Olivenöl in einem großen Topf erhitzen. Zwiebel, Karotten und Sellerie zugeben und mit Salz und Pfeffer würzen. Alles 6–10 Minuten unter häufigem Rühren dünsten, bis die Zwiebel glasig ist und das Gemüse weich wird.

2. Den Knoblauch zufügen und etwa 30 Sekunden mitgaren, bis er duftet. Dann die Tomaten zugeben, mit einem Kochlöffel zerdrücken und zum Köcheln bringen.

3. Brühe, Wasser, Lorbeerblätter, Oregano und Chiliflocken zufügen. Alles aufkochen und 10 Minuten köcheln lassen, dabei gelegentlich umrühren.

4. Von der Brühe 350 ml (etwa 1½ Tassen) abnehmen und in einen hitzebeständigen Mixer geben. 125 g Bohnen zufügen und alles glatt pürieren. Das Püree wieder zurück zur Brühe geben.

5. Die restlichen Bohnen (675 g), Nudeln, Grünkohl und Petersilie einrühren. Alles noch 15–20 Minuten köcheln lassen, bis Nudeln und Kohl weich sind. Dabei häufig umrühren, damit die Nudeln nicht am Topfboden anhängen.

6. Den Eintopf vom Herd nehmen und die Lorbeerblätter entfernen. Den Zitronensaft einrühren und den Eintopf mit Salz und Pfeffer abschmecken.

7. Den Eintopf in Schalen anrichten, mit Zitronensaft beträufeln, mit Petersilie bestreuen und servieren. Reste am nächsten Tag aufwärmen oder für den Vorrat tiefkühlen.

Nizza-Salat mit Kichererbsen Für 2 Personen

Zutaten

4 Bio-Eier

natives Olivenöl extra zum Braten

1 Dose Kichererbsen (400 g), abgetropft und abgespült

Salz, Pfeffer

200 g grüne Bohnen, geputzt

1 kleine Handvoll grüne Oliven (entsteint), halbiert

2 EL Kapern

8 Anchovis, gewürfelt

1 Handvoll Radieschen, in Scheiben geschnitten

1 Handvoll Petersilie, gehackt

1 Handvoll Schnittlauch, gehackt

2 große Handvoll Salatblätter

120 g gegarte grüne Linsen

Dressing

½ TL Kräuter der Provence

1 TL Honig

2 EL Bio-Apfelessig

2 EL natives Olivenöl extra

Saft von 1 Zitrone

Zubereitung

1. Die Eier in kochendem Wasser 7 Minuten garen. Herausnehmen, kalt abschrecken und abkühlen lassen. Dann pellen und halbieren.

2. Etwas Olivenöl in einer Pfanne erhitzen. Die Kichererbsen hineingeben, mit Salz und Pfeffer würzen und bei mittlerer Hitze in etwa 6 Minuten knusprig braten. Dabei beständig umrühren. Beiseitestellen.

3. Die Bohnen 4–5 Minuten dünsten, bis sie gar sind, aber noch etwas Biss haben.

4. In der Zwischenzeit für das Dressing alle Zutaten in einer Schale gut verrühren.

5. Alle Zutaten, bis auf die Eier, auf einer großen Servierplatte anrichten und gleichmäßig mit dem Dressing beträufeln. Den Nizza-Salat mit den Eiern garnieren und servieren.

Schwedischer Salat mit Dill Für 1–2 Personen

Zutaten

2 große Handvoll gemischte Salatblätter

1 Dose Kichererbsen (400 g), abgetropft und abgespült

½ Salatgurke, gewürfelt

8 Cornichons, in Scheiben geschnitten

2 Radieschen, halbiert und in dünne Scheiben geschnitten

1 Handvoll marinierte Artischockenherzen (aus dem Glas)

1 Avocado, in mundgerechte Stücke geschnitten

Dressing

2 EL natives Olivenöl extra

2 TL Honig

Saft von 1 großen Zitrone

1 EL Dijonsenf

Salz, Pfeffer

Zum Servieren

1 Handvoll geröstete Kürbiskerne

1 kleine Handvoll Feta, zerbröselt

1 kleine Handvoll Dill, grob zerpflückt

Zubereitung

1. Salatblätter und Kichererbsen in eine große Schüssel geben.

2. Für das Dressing alle Zutaten in einer kleinen Schale verrühren. Das Dressing dann über Salatblätter und Kichererbsen träufeln und sorgfältig untermischen.

3. Die restlichen Zutaten auf dem Salat verteilen. Kurz vor dem Servieren Kürbiskerne, Feta und Dill auf den Salat streuen. Alles vermischen und den Salat servieren.

Ofengemüse-Salat Für 2 Personen

Zutaten

1 mittelgroße Süßkartoffel, mit Schale in 2 cm große Würfel geschnitten

1 mittelgroße Kartoffel, mit Schale in 2 cm große Würfel geschnitten

4 Karotten, in Stifte geschnitten

90 g Rosenkohl, halbiert, oder Zucchini, in Halbkreise geschnitten

1 TL Chiliflocken

1 TL gemahlener Kreuzkümmel

2 EL natives Olivenöl extra

1 TL Ahornsirup

Salz, Pfeffer

1 Dose Kichererbsen (400 g), abgetropft und abgespült

1 TL Kreuzkümmelsamen

2 große Handvoll Rucola

Dressing

60 ml natives Olivenöl extra

4 EL Tahin (Sesampaste)

2–3 EL Zitronensaft

2 TL Dijonsenf

2 TL Ahornsirup oder Honig

2 EL Kerne-Samen-Mix (z. B. Kürbiskerne, Sonnenblumenkerne, Sesam)

Zubereitung

1. Den Backofen auf 180 °C vorheizen, ein Backblech mit Backpapier belegen.

2. Süßkartoffel, Kartoffel, Karotten, Rosenkohl, Chiliflocken, gemahlenen Kreuzkümmel, Olivenöl, Ahornsirup, Salz und Pfeffer in einer Schüssel vermischen. Das Gemüse auf dem Backblech verteilen und im Ofen 45 Minuten garen, bis es leicht bräunt. Dabei nach der Hälfte der Garzeit wenden.

3. In der Zwischenzeit für das Dressing Öl, Tahin, Zitronensaft, Senf, Ahornsirup und 2 EL Wasser in einer Schale verrühren.

4. Das gegarte Gemüse aus dem Ofen nehmen. Kichererbsen und Kreuzkümmelsamen untermischen, das Gemüse wieder in den Ofen schieben und weitere 15 Minuten garen.

5. Danach das Ofengemüse in eine Schüssel geben und abkühlen lassen. Den Rucola untermischen und alles gleichmäßig mit dem Dressing beträufeln. Den Salat zuletzt mit dem Kerne-Samen-Mix bestreuen und servieren.

Nudelsalat im Glas Für 1 Person

Ich werde immer wieder nach Ideen für das Mittagessen zum Mitnehmen gefragt. Wie wäre es mit einem Nudelsalat? Der geht schnell, ist lecker und gesund. Die Zutaten lassen sich immer wieder neu variieren, und auch Reste eigenen sich prima dafür.

Dressing

1 EL frisch geriebener Ingwer

Saft von 1 Limette

1 EL natives Olivenöl extra

1 EL Sojasauce oder Tamari

1 TL Honig

1 EL japanischer Reisessig

1 TL Fischsauce

1 rote Chilischote, geputzt und gehackt

Zubereitung

1. Für das Dressing alle Zutaten verrühren.

2. Die Salatzutaten in ein großes Schraubglas schichten. Dabei die Zutaten nach folgender Formel auswählen. Den Salat mit dem Dressing beträufeln und das Glas verschließen.

1 Portion Kohlenhydrate
Reis, Nudeln, gekochte Kartoffeln, gebratene Süßkartoffeln, Butternusskürbis, Quinoa, Couscous

1 Portion Proteine
Huhn, Garnelen, geräucherter Fisch, Thunfisch, Steak, Schinken, Tofu, Kichererbsen, Eier, Käse, Linsen, Nüsse, Samen

4–5 Portionen Gemüse/Obst
Paprika, Tomaten, geraspelte Karotten, Spinat, Radieschen, Gurken, gebratenes Gemüse (z. B. Aubergine, Fenchel, Paprika), Avocado, Äpfel, Birnen, Mango, Papaya

TikTok-Tortilla Für je 1 Person

Avocado, Mais, Jalapeño und Käse

1 Vollkorn-Tortilla

½ Avocado, in Scheiben geschnitten

85 g Maiskörner (aus der Dose)

6 Jalapeño-Scheiben (aus dem Glas)

1 kleine Handvoll Rucola

1 Handvoll Kirschtomaten, in Scheiben geschnitten

1 kleine Handvoll geriebener Käse

1. Die Tortilla auf ein Schneidebrett legen. Mit einem Messer einen Schnitt von der Mitte der Tortilla bis zum Rand machen.
2. Die Tortilla dann in Viertel aufteilen und im Uhrzeigersinn belegen. Dabei im unteren linken Viertel mit Avocado beginnen, das zweite Viertel mit Mais und Jalapeños, das dritte Viertel mit Rucola und Tomaten und das letzte Viertel mit Käse belegen.
3. Das untere linke Viertel zuerst nach oben über das obere linke Viertel klappen. Dann weiter nach oben rechts und zuletzt nach unten rechts falten.
4. Die Tortilla sofort genießen oder in einer Panini-Presse oder in der Pfanne bei mittlerer Hitze kurz rösten.

Gegrillte Champignons, Pesto, Hummus und Avocado

1 großer brauner Champignon (z. B. Portobello), geputzt

natives Olivenöl extra zum Beträufeln

1 Vollkorn-Tortilla

½ Avocado, in Scheiben geschnitten

2 EL Hummus

1 EL Pesto

1 kleine Handvoll Rucola

1. Den Backofen auf 180 °C vorheizen, ein Backblech mit Backpapier belegen. Den Pilz auf das Blech legen, mit Olivenöl beträufeln und im Ofen etwa 8 Minuten garen. Herausnehmen, abkühlen lassen und in Scheiben schneiden.
2. Die Tortilla auf ein Schneidebrett legen. Mit einem Messer einen Schnitt von der Mitte der Tortilla bis zum Rand machen.
3. Die Tortilla dann in Viertel aufteilen und im Uhrzeigersinn belegen. Dabei im unteren linken Viertel mit Avocado beginnen, das zweite Viertel mit Hummus, das dritte Viertel mit Pilzscheiben und das letzte Viertel mit Pesto und Rucola belegen.
4. Das untere linke Viertel zuerst nach oben über das obere linke Viertel klappen. Dann weiter nach oben rechts und zuletzt nach unten rechts falten.
5. Die Tortilla in einer Pfanne bei mittlerer Hitze von jeder Seite etwa 2 Minuten rösten.

Sandwich mit Avocado, Pilzen, Spinat und Miso Für 1 Person

Zutaten

natives Olivenöl extra zum Braten

100 g große braune Champignons (z. B. Portobello), in Scheiben geschnitten

1 Handvoll Spinat, gewaschen

2 Knoblauchzehen, zerdrückt

Salz, Pfeffer

1 EL braune Misopaste

1 EL Ahornsirup

1 TL Tamari

1 TL brauner Reisessig

Saft von 1 Limette

½ Avocado, zerdrückt

1 Frühlingszwiebel, in Ringe geschnitten

2 dicke Scheiben Sauerteigbrot

Zubereitung

1. Das Olivenöl in einer Pfanne bei mittlerer bis starker Hitze heiß werden lassen. Pilze, Spinat und Knoblauch hineingeben, mit Salz und Pfeffer würzen.

2. Misopaste, Ahornsirup, Tamari, Reisessig und Limettensaft einrühren. Die Pilzmischung etwa 5 Minuten braten, bis die Sauce anzudicken beginnt.

3. Avocado und Frühlingszwiebel in einer Schüssel vermischen.

4. Die Brotscheiben im Toaster leicht rösten. Das Avocadopüree auf eine Scheibe streichen und die Pilzmischung darauf verteilen. Mit der zweiten Brotscheibe abdecken. Das Sandwich halbieren und servieren.

Avocado-Gemüse-Panino Für 1 Person

Zutaten

natives Olivenöl extra zum Braten

¼ Schalotte oder Zwiebel, gewürfelt

60 g große braune Champignons (z. B. Portobello) oder andere Pilze, in Scheiben geschnitten

50 g Kirschtomaten, halbiert

15 g Spinat oder Grünkohl, Stiele entfernt und gehackt

Salz, Pfeffer

½ Avocado

2 dicke Scheiben Sauerteigbrot

30 g Mozzarella oder vegane Käsealternative, gerieben

Zubereitung

1. Das Olivenöl in einer Pfanne bei mittlerer bis starker Hitze heiß werden lassen. Die Schalotte darin glasig dünsten. Die Champignons zugeben und braten, bis sie leicht gebräunt sind. Tomaten und Spinat zufügen und braten, bis die Blätter zusammenfallen und die Tomaten durchgewärmt sind. Das Gemüse vom Herd nehmen, mit Salz und Pfeffer würzen.

2. Die Avocado in einer Schüssel mit einer Gabel zerdrücken. Eine Brotscheibe mit dem Avocadopüree bestreichen und mit dem Gemüse belegen.

3. Den Mozzarella auf das Gemüse streuen und mit der zweiten Brotscheibe abdecken. Das Panino in einer vorgewärmten Panini-Presse oder einer heißen Grillpfanne kurz rösten. Sobald das Brot von außen bräunt und der Käse schmilzt, vom Herd nehmen. Das Panino halbieren und servieren.

Haupt-gerichte

VI

121	**Knallgrüne Pasta**
122	**Pasta mit gebackenen Auberginen und Tomaten**
124	**Soba-Nudeln mit Knusperkohl**
127	**Pad Thai mit Gemüse**
128	**Gebratener Reis mit Karotten, Ingwer und Miso**
130	**Gemüse-Tajine mit Mandel-Kichererbsen-Quinoa**
133	**Kokos-Kichererbsen-Curry**
134	**Würzige Tacos mit Walnüssen**
137	**Bohneneintopf mit Kohl und Zwiebeln**
138	**Tomatentarte mit Ricotta**
141	**Hähnchen mit Blumenkohl und Sesam vom Blech**
142	**Kreolischer Kabeljau mit Bohnensalsa**
145	**Asia-Lachs vom Blech**
146	**Fischauflauf mit Süßkartoffelhaube**

Knallgrüne Pasta Für 1 Person

Zutaten

100 g Spaghetti

Salz

100 g Schwarzkohl (Cavolo nero) oder Grünkohl, grob gehackt

60 g Spinat, gewaschen

2 Knoblauchzehen, geschält

1 EL natives Olivenöl extra, plus mehr zum Servieren

Saft von ½ Zitrone

30 g Parmesan oder vegane Käsealternative, gerieben, plus mehr zum Servieren

2 EL Nährhefe (nach Belieben)

Pfeffer

Chiliflocken zum Servieren

Zubereitung

1. Die Spaghetti nach Packungsanweisung in kochendem Salzwasser bissfest garen.

2. Etwa 3–4 Minuten vor Ende der Garzeit Kohl, Knoblauch und Spinat in das Nudelkochwasser geben und mitgaren.

3. Das gegarte Gemüse mit einer Zange vorsichtig aus dem Wasser nehmen und in einen Mixer geben. Olivenöl, Zitronensaft, Parmesan, nach Belieben Nährhefe, Salz und Pfeffer zugeben. Alles zu einer cremigen Sauce pürieren.

4. Die Spaghetti in ein Sieb abgießen und dabei einige Esslöffel Kochwasser auffangen.

5. Die Nudeln zurück in den Topf geben. Die Gemüsesauce und 1 Schuss Nudelkochwasser zufügen und alles vermischen.

6. Die Pasta auf einem Teller anrichten. Mit Parmesan und Chiliflocken bestreuen, mit Olivenöl beträufeln und genießen.

Pasta mit gebackenen Auberginen und Tomaten Für 2 Personen

Zutaten

2 mittelgroße Auberginen, gewaschen und Endstücke entfernt

natives Olivenöl extra

Salz, Pfeffer

1 kleine Zwiebel, fein gewürfelt

4 Knoblauchzehen, zerdrückt

1 Dose geschälte Tomaten (400 g)

½ EL gemischte getrocknete Kräuter

½ TL getrockneter Oregano

½ TL Chiliflocken (nach Belieben)

200 g kurze Pasta (z. B. Rigatoni, am besten Vollkorn-Reisnudeln)

5 g frisch gehacktes Basilikum, plus mehr zum Servieren

40 g Parmesan oder vegane Käsealternative, gerieben

Zubereitung

1. Den Backofen auf 180 °C vorheizen, ein Backblech mit Backpapier belegen

2. Die Auberginen mit einem Sparschäler streifig schälen, sodass ein Zebramuster entsteht. Dann in 1 cm dicke Scheiben schneiden. Die Scheiben auf das Backblech legen und von beiden Seiten großzügig mit Olivenöl bestreichen. Mit Salz und Pfeffer würzen. Die Scheiben im Ofen 35–45 Minuten backen, bis sie weich und goldbraun ist. Dabei nach 20 Minuten wenden. Herausnehmen und beiseitestellen.

3. In der Zwischenzeit für die Tomatensauce etwas Olivenöl in einem Topf erhitzen. Die Zwiebel darin glasig dünsten. Den Knoblauch zufügen und etwa 30 Sekunden mitdünsten. Die Tomaten zugeben und mit einem Kochlöffel zerdrücken. Kräuter, Oregano und nach Belieben Chiliflocken unterrühren. Mit Salz und Pfeffer würzen. Alles aufkochen und etwa 20 Minuten köcheln lassen. Die Sauce dann vom Herd nehmen.

4. Die Pasta nach Packungsanweisung in kochendem Salzwasser bissfest garen. In ein Sieb abgießen und dabei etwa ½ Tasse Nudelkochwasser auffangen.

5. Die gebackenen Auberginenscheiben zur Tomatensauce geben und vorsichtig unterheben. Basilikum und 1 TL Olivenöl zufügen und alles bei schwacher bis mittlerer Hitze 2–3 Minuten köcheln lassen, damit sich die Aromen verbinden.

6. Die Nudeln mit einigen Esslöffeln Nudelkochwasser zur Sauce geben und alles vorsichtig durchrühren. Zwei Drittel vom Parmesan unterheben. Die Sauce abschmecken und eventuell noch mit etwas Nudelkochwasser verdünnen.

7. Die Pasta in einer Schüssel anrichten. Mit dem übrigen Parmesan und Basilikum bestreuen, mit Olivenöl beträufeln und servieren.

Soba-Nudeln mit Knusperkohl Für 2 Personen

Zutaten

200 g fester Tofu, in mundgerechte Würfel geschnitten und trocken getupft

2 EL Sesamöl

4 EL natives Olivenöl extra

2 große Handvoll Grünkohl, Stiele entfernt und Blätter in mundgerechte Stücke zerpflückt

20 g Nährhefe

240 g Soba-Nudeln (am besten reine Buchweizen-Soba)

200 g Pilze (Sorte nach Belieben), in Scheiben geschnitten

½ Salatgurke, längs in dünne Streifen geschnitten

Sauce

120 g helles Tahin (Sesampaste)

2 EL Sojasauce oder Tamari

2 TL Sesamöl

1 EL Honig

½ TL Chiliflocken

abgeriebene Schale und Saft von 1 Bio-Limette

60 ml natives Olivenöl extra

Zubereitung

1. Tofu, Sesamöl und 2 EL Olivenöl in einer Schale vermischen und 1 Stunde durchziehen lassen.

2. Den Backofen auf 190 °C vorheizen, ein Backblech mit Backpapier belegen.

3. Den Grünkohl mit restlichem Olivenöl (2 EL) und Nährhefe in einer Schüssel vermischen. (Das klappt am besten mit den Händen). Den Grünkohl in einer Schicht auf dem Backblech verteilen und im Ofen in 15–20 Minuten knusprig rösten.

4. Inzwischen für die Sauce alle Zutaten in einer Schüssel gut verrühren.

5. Ein große Pfanne bei mittlerer Hitze heiß werden lassen. Den Tofu hineingeben und goldbraun braten. Herausnehmen und auf einem Teller beiseitestellen. Die Pilze in die Pfanne geben und braten, bis sie weich und gebräunt sind.

6. Parallel dazu die Soba-Nudeln nach Packungsanweisung garen. In ein Sieb abgießen und gut kalt abspülen.

7. Nudeln und Pilze auf eine Servierplatte legen. Mit der Sauce übergießen und sorgfältig vermischen. Grünkohl, Tofu und Gurke zugeben, nochmals mischen und servieren.

Pad Thai mit Gemüse Für 2 Personen

Zutaten

120 g flache Reisnudeln

natives Olivenöl extra zum Braten

2 mittelgroße Karotten, in dünne Stifte geschnitten

1 Zucchini, in dünne Stifte geschnitten

1 gelbe Paprikaschote, in dünne Stifte geschnitten

1 große Handvoll Sojabohnensprossen

1 Handvoll Koriandergrün, gehackt

1 rote Chilischote, gewürfelt

2 Frühlingszwiebeln, in Ringe geschnitten

50 g geröstete Erdnusskerne, grob gehackt

Dressing

3 EL Erdnussmus

1 EL Fischsauce

1 EL Sojasauce oder Tamari

Saft von 1 Limette, plus mehr zum Servieren (nach Belieben)

1 daumengroßes Stück Ingwer, gerieben

1 EL Ahornsirup

Zubereitung

1. Die Reisnudeln nach Packungsanweisung in lauwarmem Wasser garen. In ein Sieb abgießen, kalt abspülen und beiseitestellen.

2. Für das Dressing alle Zutaten in einer kleinen Schüssel verrühren.

3. Etwas Olivenöl in einer Pfanne erhitzen. Karotten, Zucchini, Paprika und Sprossen darin bei mittlerer Hitze unter Rühren in 2–3 Minuten knackig braten. (Vorsicht: Nicht zu lange garen, sonst wird das Gemüse matschig und schwer.)

4. Nudeln und Dressing zum Gemüse geben und alles sorgfältig verrühren.

5. Das Pad Thai in Schalen anrichten. Mit Koriandergrün, Chili, Frühlingszwiebeln und Erdnüssen bestreuen. Nach Belieben mit etwas Limettensaft beträufeln und servieren.

Gebratener Reis mit Karotten, Ingwer und Miso Für 2 Personen

Zutaten

120 g brauner Naturreis

natives Olivenöl extra zum Braten

2 Knoblauchzehen, gehackt

1 kleiner Brokkoli, in Röschen zerteilt (Strunk in Stücke schneiden und mitverwenden)

2 mittelgroße Karotten, mit Schale längs in dünne Streifen geschnitten

1 rote Paprika, in mundgerechte Stücke geschnitten

Dressing

3 EL braune Misopaste

2 TL Ahornsirup

2 EL natives Olivenöl extra

Saft von 2 Limetten

1 EL frisch geriebener Ingwer

1 TL brauner Reisessig

Zum Servieren

Koriandergrün, gehackt

rote Chili, gewürfelt, oder Chiliflocken

Limettensaft

2 Frühlingszwiebeln, in Ringe geschnitten

1 EL Sesam

Zubereitung

1. Den Reis kalt abspülen und nach Packungsanweisung garen (siehe Tipp).

2. In der Zwischenzeit für das Dressing alle Zutaten in einer Schüssel verrühren.

3. Einen Wok oder eine große Pfanne bei mittlerer bis starker Hitze heiß werden lassen. Etwas Olivenöl hineingeben. Knoblauch, Brokkoli, Karotten und Paprika darin einige Minuten braten, bis das Gemüse bissfest ist.

4. Den Reis unter das Gemüse mischen. Alles gleichmäßig mit dem Dressing beträufeln.

5. Den gebratenen Reis in Schalen anrichten. Mit Koriandergrün, Chili, Limettensaft, Frühlingszwiebeln und Sesam garnieren und servieren.

Tipp: Den Reis vor dem Kochen in einem Sieb abspülen. In einen Topf geben und kaltes Wasser zugießen, bis der Reis 1 cm hoch bedeckt ist. Dann nach Packungsanweisung garen, bis der Reis das Wasser vollständig aufgesogen hat.

Gemüse-Tajine mit Mandel-Kichererbsen-Quinoa Für 4–6 Personen

Zutaten

2 EL natives Olivenöl extra

1 rote Zwiebel, in Ringe geschnitten

1 mittelgroße Aubergine, in mundgerechte Stücke geschnitten

2 große Karotten, in Scheiben geschnitten

1 rote Paprika, in mundgerechte Stücke geschnitten

1 gelbe Paprika, in mundgerechte Stücke geschnitten

1 kleiner Butternut-Kürbis, geschält, entkernt und in mundgerechte Stücke geschnitten

1 Zucchini, längs halbiert und in Scheiben geschnitten

6 Knoblauchzehen, zerdrückt

2 EL Tomatenmark

2 TL gemahlener Koriander

2 TL gemahlener Kreuzkümmel

1 TL gemahlener Zimt

½ TL gemahlene Kurkuma

2 EL Harissa-Paste

1 EL Honig

1 Dose geschälte Tomaten (400 g)

400 ml Gemüsebrühe

10 getrocknete Aprikosen, halbiert

Salz, Pfeffer

1 kleine Handvoll Minze, fein gehackt

Mandel-Kichererbsen-Quinoa

300 g Quinoa

natives Olivenöl extra zum Beträufeln

1 Dose Kichererbsen (400 g), abgespült und abgetropft

480 ml heiße Gemüsebrühe

2 EL Harissa-Paste

Saft von 1 Zitrone

Salz, Pfeffer

1 große Handvoll Mandelblättchen, geröstet

Zubereitung

1. Das Olivenöl in einer großen Pfanne erhitzen. Zwiebel, Aubergine, Karotten, Paprika, Kürbis und Zucchini hineingeben und bei starker Hitze unter regelmäßigem Rühren 10–15 Minuten braten, bis das Gemüse weich und leicht gebräunt ist.

2. Knoblauch, Tomatenmark, Koriander, Kreuzkümmel, Zimt und Kurkuma zufügen und 2 Minuten unter Rühren mitgaren.

3. Harissa, Honig, Tomaten, Brühe und Aprikosen einrühren, dabei die Tomaten zerdrücken. Das Gemüse dann abgedeckt aufkochen und bei schwacher Hitze in 45–60 Minuten weich garen.

4. In der Zwischenzeit für die Mandel-Kichererbsen-Quinoa die Quinoakörner in einem Sieb abspülen. Dann in einem großen Topf rösten, bis sie trocken ist. 1 kleinen Schuss Olivenöl und die Kichererbsen zufügen und goldbraun braten. Brühe und Harissa zugeben und unterrühren. Die Quinoa dann köcheln lassen, bis sie die Brühe vollständig aufgesogen hat.

5. Die Mandelblättchen unterheben und Quinoa mit Zitronensaft, Salz und Pfeffer abschmecken.

6. Die Gemüse-Tajine mit Salz und Pfeffer abschmecken und die Minze unterrühren. Mit der Mandel-Kichererbsen-Quinoa servieren.

Kokos-Kichererbsen-Curry Für 2 Personen

Zutaten

natives Olivenöl extra zum Braten

1 Zwiebel, gewürfelt

2 EL frisch gehacktes Koriandergrün

4 Knoblauchzehen, zerdrückt

25 g Ingwer, gerieben

1 Dose Kichererbsen (400 g), abgespült und abgetropft

2 mittelgroße Karotten, mit Schale in dünne Scheiben geschnitten

1 rote Paprika, in Streifen geschnitten

1 TL gemahlene Kurkuma

1 TL gemahlener Kreuzkümmel

½ TL Chiliflocken

1 TL Garam Masala

1 Dose Kokosmilch (400 ml)

Salz, Pfeffer

Zum Servieren

Koriandergrün

rote Zwiebel, in dünne Ringe geschnitten

Saft von 1 Limette

Zubereitung

1. Etwas Olivenöl in einer Pfanne erhitzen. Die Zwiebel darin bei mittlerer bis starker Hitze 5–10 Minuten braten, bis sie glasig ist und an den Rändern leicht bräunt.

2. Koriandergrün, Knoblauch und Ingwer zufügen und etwa 30 Sekunden mitbraten, bis alles duftet.

3. Kichererbsen, Karotten und Paprika zugeben und unter gelegentlichem Rühren etwa 2 Minuten anbraten.

4. Kurkuma, Kreuzkümmel, Chiliflocken und Garam Masala einrühren und 30–45 Sekunden mitrösten.

5. Die Kokosmilch einrühren, mit Salz und Pfeffer würzen. Das Curry dann aufkochen und 10 Minuten köcheln lassen, dabei gelegentlich umrühren.

6. Das Curry in Schalen anrichten. Mit Koriandergrün und Zwiebelringen garnieren und mit Limettensaft beträufeln. Mit Vollkorn-Reis, Quinoa oder Naan-Brot servieren.

Würzige Tacos mit Walnüssen

Ergibt 6–8 Stück

Zutaten

1 Blumenkohl, mit Blättern, Strunk und Röschen gehackt

250 g Walnusskerne

2 TL Limettensaft

50 g sonnengetrocknete Tomaten

2 Knoblauchzehen, zerdrückt

½ TL Meersalz

½ EL geräuchertes Paprikapulver

½ EL gemahlener Kreuzkümmel

2 TL Chilipulver

2 TL Nährhefe (nach Belieben)

1½ EL natives Olivenöl extra

Zum Servieren

6–8 Vollkorn-Tortillas

Avocado, in dünne Scheiben geschnitten

Pinto-Bohnen, erwärmt

Kirschtomaten, fein gewürfelt

Koriandergrün, fein gehackt

Limettensaft

rote Zwiebel, in dünne Ringe geschnitten

Chilisauce

Zubereitung

1. Den Backofen auf 180 °C vorheizen, ein Backblech mit Backpapier belegen.

2. Blumenkohl, Walnüsse und Limettensaft in der Küchenmaschine oder im Mixer zu feinen Bröseln zerkleinern. Die Brösel in eine Schüssel umfüllen und beiseitestellen.

3. Tomaten, Knoblauch, Salz, Paprikapulver, Kreuzkümmel, Chilipulver und nach Belieben Nährhefe in den leeren Mixbehälter geben und verrühren. Dabei langsam 1 EL Olivenöl zufügen und die Würzmischung so binden.

4. Die Würzmischung zu den Blumenkohl-Walnuss-Bröseln geben. Alles gut vermischen (das klappt am besten mit den Händen). Zuletzt 60 ml Wasser untermischen, damit die Mischung nicht zu trocken ist.

5. Die Mischung auf dem Backblech verteilen und im Ofen 20–25 Minuten rösten. Dabei nach der Hälfte der Backzeit umrühren, damit die Mischung gleichmäßig bräunt.

6. Die Bröselmischung aus dem Ofen nehmen und in die Tortillas füllen. Avocado, Bohnen, Tomaten, Koriandergrün, Limettensaft, Zwiebeln und Chilisauce zum Belegen dazu servieren.

Bohneneintopf mit Kohl und Zwiebeln Für 2–4 Personen

Zutaten

4 EL natives Olivenöl extra, plus mehr zum Servieren (nach Belieben)

1 große Zwiebel, in dünne Ringe geschnitten

Salz, Pfeffer

2 Dosen weiße Bohnen (à 400 g, z. B. Cannelini- oder Butterbohnen), abgetropft und abgespült

950 ml Gemüse- oder Hühnerbrühe (oder 950 ml Wasser plus 2 EL Instantbrühe)

200 g Champignons, in mundgerechte Stücke geschnitten

½ Kopf Weißkohl, in mundgerechte Stücke geschnitten

2 EL Apfelessig

5 g Dill, grob gehackt

4–8 EL Naturjoghurt

Zubereitung

1. Das Olivenöl in einem mittelgroßen Topf erhitzen. Die Zwiebel zufügen, mit Salz und Pfeffer würzen und bei mittlerer Hitze 8–10 Minuten braten. Dabei nicht zu viel umrühren. Die Zwiebel soll nur zart gebräunt, nicht karamellisiert oder verbrannt sein. Deshalb Hitze und Rühren anpassen.

2. Die Hälfte der Zwiebel mit einem Schaumlöffel herausnehmen und zum Garnieren beiseitestellen.

3. Die Bohnen in den Topf geben und zur Hälfte mit einem Kochlöffel oder Kartoffelstampfer zerdrücken. Den Rest ganz lassen.

4. Die Brühe zugießen und 15–20 Minuten köcheln lassen, bis die gewünschte Konsistenz erreicht ist. Champignons, Kohl und Essig zugeben und alles zugedeckt etwa 15 Minuten köcheln lassen, bis Pilze und Kohl weich sind. Den Eintopf mit Salz, Pfeffer und nach Belieben noch mit etwas Essig abschmecken.

5. Den Eintopf vom Herd nehmen und die Hälfte des Dills unterrühren. In Schalen anrichten, mit dem übrigen Dill und Pfeffer bestreuen und mit den restlichen Zwiebeln garnieren. Auf jede Portion 2 EL Joghurt setzen, nach Belieben noch mit Olivenöl beträufeln und servieren.

Tomatentarte mit Ricotta Für 6 Personen

Zutaten

110 g Haferflocken

60 g Kichererbsenmehl

1 Dattel (entsteint), fein gewürfelt

1 TL getrockneter Oregano, plus mehr zum Bestreuen

1 TL getrockneter Thymian, plus mehr zum Bestreuen

Salz

70 ml natives Olivenöl extra, plus mehr für die Form und zum Beträufeln

4 mittelgroße Strauchtomaten, in Scheiben geschnitten

2 große Handvoll Kirschtomaten in verschiedenen Farben, halbiert

Pfeffer

Ricottacreme

natives Olivenöl extra zum Braten

2 mittelgroße Zwiebeln, gewürfelt

5 Knoblauchzehen, gehackt

500 g Ricotta

20 g Basilikum, fein gehackt

½ TL Salz

½ TL schwarzer Pfeffer

3 Bio-Eier

2 Bio-Eigelb

Zubereitung

1. Den Backofen auf 180 °C vorheizen, eine Springform (23 cm Ø) mit Olivenöl einfetten.

2. Die Haferflocken in einem Mixer fein zerkleinern. Kichererbsenmehl, Dattel, Oregano, Thymian und 1 Prise Salz zufügen. In Intervallen mixen, dabei nach und nach das Olivenöl einrühren. Zuletzt löffelweise 5 EL Wasser unterrühren, bis der Teig bindet.

3. Den Teig auf den Boden der Form drücken. Mehrmals mit einer Gabel einstechen, damit die Luft entweichen kann. Im Ofen 10–12 Minuten backen, bis der Boden leicht gebräunt ist.

4. In der Zwischenzeit für die Ricottacreme etwas Olivenöl in einer großen Pfanne erhitzen. Die Zwiebeln darin bei schwacher bis mittlerer Hitze in etwa 20 Minuten hell dünsten, bis sie weich und süßlich sind. Dabei gelegentlich umrühren. In den letzten 2 Minuten den Knoblauch zugeben. Vom Herd nehmen und abkühlen lassen.

5. Den Ricotta in einer großen Schüssel mit den Rührbesen des Handrührgeräts cremig rühren. Zwiebel-Knoblauch-Mischung, Basilikum, Salz und Pfeffer zufügen und alles gut verrühren.

6. Eier und Eigelbe in einer Rührschüssel mit dem Handrührgerät schaumig schlagen. Die Ricotta-Zwiebel Mischung vorsichtig, aber gleichmäßig unterheben. Die Creme auf den Boden in der Form gießen und im Ofen 45–50 Minuten backen, bis sie gerade fest ist. Herausnehmen.

7. Ein Backblech mit Backpapier belegen und die Tomaten mit der Schnittfläche nach oben darauflegen. Mit Olivenöl beträufeln, mit Salz, Pfeffer, Oregano und Thymian bestreuen. Im Ofen etwa 30 Minuten rösten, bis sich die Ränder gerade abheben.

8. Die gerösteten Tomaten mit der Schnittfläche nach oben auf der Tarte anordnen. Sofort servieren oder die Tarte wieder einige Minuten im Ofen erwärmen. Sie schmeckt warm oder kalt, am besten mit einem grünen Salat.

Hähnchen mit Blumenkohl und Sesam vom Blech Für 2 Personen

Zutaten

4 Bio-Hähnchenschenkel mit Knochen

1 Blumenkohl, mit Blättern und Strunk in mundgerechte Stücke zerteilt

Salz, Pfeffer

1 EL Sesam (nach Belieben)

2 Frühlingszwiebeln, in Ringe geschnitten

1 rote Chilischote, in Scheiben geschnitten

Marinade

3 EL Erdnussmus

1 EL Ahornsirup oder Honig

4 EL Sojasauce oder Tamari

4 Knoblauchzehen, zerdrückt

1 daumengroßes Stück Ingwer, gerieben

2 Frühlingszwiebeln, fein gehackt

1 rote Chilischote, fein gehackt

2 EL natives Olivenöl extra

Zubereitung

1. Den Backofen auf 180 °C vorheizen, ein Backblech mit Backpapier belegen.

2. Für die Marinade alle Zutaten in einer Schüssel sorgfältig verrühren.

3. Die Haut der Hähnchenschenkel jeweils dreimal einritzen. (So zieht die Marinade gut ein und die Garzeit verkürzt sich.)

4. Hähnchenschenkel und Blumenkohl auf dem Backblech verteilen und mit der Marinade beträufeln. Die Marinade am besten noch mit den Händen untermischen. Alles mit Salz und Pfeffer würzen, nach Belieben mit Sesam bestreuen und im Ofen 30–45 Minuten braten.

5. Danach aus dem Ofen nehmen und mit Frühlingszwiebeln und Chili bestreuen. Mit Naturreis oder Quinoa servieren.

Tipp: Besonders intensiv schmeckt das Gericht, wenn Fleisch und Blumenkohl vor dem Backen noch 30 Minuten in der Marinade ziehen können.

Kreolischer Kabeljau mit Bohnensalsa Für 2 Personen

Zutaten

2 Kabeljaufilets oder andere weißfleischiges Fischfilets

2 TL Cajun-Gewürzmischung

Saft von ½ Limette

1 TL Honig

Salz, Pfeffer

Salsa

1 Dose schwarze Bohnen (400 g), abgetropft und abgespült

1 Schalotte, gewürfelt

6 Kirschtomaten, gewürfelt

2 TL frisch gehacktes Koriandergrün

1 Avocado, gewürfelt

Saft von 1 Limette

1 EL natives Olivenöl extra

1 rote Chilischote, fein gehackt

Zubereitung

1. Den Backofen auf 200 °C vorheizen, ein Backblech mit Backpapier belegen. Die Kabeljaufilets kalt abbrausen und mit Küchenpapier trocken tupfen.

2. Cajun-Gewürz, Limettensaft und Honig in einer Schüssel verrühren. Die Fischfilets damit bestreichen und mit Salz und Pfeffer würzen. Auf das Backblech legen und im Ofen 8–10 Minuten braten.

3. In der Zwischenzeit für die Salsa alle Zutaten in einer Schüssel vermischen.

4. Den Kabeljau aus dem Ofen nehmen und mit der Salsa auf Tellern anrichten. Mit gebackenen Süßkartoffeln und gedünstetem Brokkoli servieren.

Asia-Lachs vom Blech Für 4 Personen

Zutaten

4 Lachsfilets

Koriandergrün, fein gehackt

Marinade

2 Knoblauchzehen, zerdrückt

3 Frühlingszwiebeln, fein gehackt

1 EL frisch geriebener Ingwer

1 rote Chilischote

2 EL Mirin

2 EL japanischer Reisessig

2 EL Sojasauce oder Tamari

4 EL natives Olivenöl extra

Salz, Pfeffer

Zubereitung

1. Die Lachsfilets kalt abbrausen und mit Küchenpapier trocken tupfen.

2. Für die Marinade alle Zutaten in einer Schüssel verrühren. Den Fisch mit der Marinade bestreichen und 20 Minuten ziehen lassen.

3. In der Zwischenzeit den Backofen auf 200 °C vorheizen. Jedes Lachsfilet samt Marinade in einen Bogen Backpapier wickeln und die Kanten fest umfalten. Die Päckchen auf ein Backblech legen und im Ofen 10 Minuten garen.

4. Danach die Päckchen aus dem Ofen nehmen, auf Teller legen und öffnen. Mit Koriandergrün bestreuen und servieren. Dazu passen Vollkornreis oder Reisnudeln und gedünstete Zuckerschoten oder Sprossenbrokkoli.

Fischauflauf mit Süßkartoffelhaube Für 2 Personen

Zutaten

300 g gemischtes Fischfilet (am besten Lachs und Seeteufel)

400–450 g Süßkartoffeln, mit Schale in 2 cm große Stücke geschnitten

natives Olivenöl extra

2 Stangen Lauch, in dünne Ringe geschnitten

2 TL Speisestärke

200 ml Kokosmilch

1 TL geräuchertes Paprikapulver

2 TL körniger Senf

1 Handvoll glatte Petersilie, grob gehackt, plus mehr zum Servieren

½ TL Chiliflocken

Salz, Pfeffer

100 g Baby-Spinat, gewaschen

Zubereitung

1. Den Backofen auf 180 °C vorheizen. Das Fischfilet kalt abbrausen und mit Küchenpapier trocken tupfen.

2. Die Süßkartoffeln in einem Topf mit heißem Wasser bedecken und etwa 5 Minuten weich garen. Abgießen und beiseitestellen.

3. Etwas Olivenöl in einem zweiten Topf erhitzen. Den Lauch darin bei mittlerer Hitze 5 Minuten dünsten.

4. Speisestärke und 1 EL Kokosmilch in einer Schale glatt verrühren. Angerührte Speisestärke, restliche Kokosmilch, Paprikapulver, Senf, Petersilie und Chiliflocken zum Lauch geben. Die Sauce mit Salz und Pfeffer würzen und 5 Minuten leicht köcheln lassen, bis sie andickt.

5. Die Lauchsauce in einer ofenfesten Form verteilen. Fischfilet und Spinat zugeben und leicht untermischen.

6. Die Süßkartoffeln mit etwas Olivenöl, Salz und Pfeffer cremig pürieren. Das Püree auf dem Fisch verteilen und den Auflauf im Ofen 15–20 Minuten backen.

7. Den Fischauflauf aus dem Ofen nehmen, mit Petersilie bestreuen und in der Form servieren. Dazu passen gedünstete grüne Bohnen.

Tipp: Der Auflauf lässt sich prima vorbereiten und bis zur Zubereitung im Kühlschrank lagern.

Süße Sachen

150	**Brauner Milchreis**
150	**Schnelles Apfeldessert**
153	**Dunkle Knusperschokolade**
154	**Saftige Sesam-Brownies**
156	**Tassenkuchen ohne Mehl**
156	**Beste Blondies**
159	**Dattel-Erdnuss-Happen**
160	**Schoko-Sesam-Plätzchen**
163	**Schoko-Hafer-Bissen**
163	**Meine Energiebällchen**
164	**Matcha-Käsekuchen**
167	**Erdbeereis am Stiel**
169	**Bananenbrot mit Kakao**
170	**Himbeercreme**

Brauner Milchreis Für 2 Personen

Zutaten

200 g brauner Naturreis

300 ml Kokosmilch

1 TL Ahornsirup

1 TL gemahlener Zimt

1 EL Rosinen

Mark von ½ Vanilleschote oder ½ TL Vanilleextrakt (nach Belieben)

Zum Servieren

Eiscreme oder Naturjoghurt

Zubereitung

1. Den Reis etwa 10 Sekunden kalt abspülen. Dann in einen Topf geben und kaltes Wasser zugießen, bis der Reis 2,5 cm hoch bedeckt ist. Den Reis bei mittlerer Hitze aufkochen und etwa 35 Minuten köcheln lassen, bis er gar ist.

2. Den Reis vom Herd nehmen und abgedeckt 10 Minuten ausquellen lassen. Danach umrühren.

3. Kokosmilch, Ahornsirup, Zimt und Rosinen einrühren. Den Milchreis dann offen noch etwa 20 Minuten köcheln lassen, bis er die gewünschte Konsistenz erreicht hat. Dabei häufig umrühren.

4. Den Milchreis vom Herd nehmen und nach Belieben die Vanille einrühren. In Schalen anrichten und mit Eis oder Joghurt servieren.

Schnelles Apfeldessert Für 1 Person

Zutaten

1 EL Kokosöl

2 Äpfel, entkernt und in 2 cm große Würfel geschnitten

½ TL Muskatnuss

½ TL gemahlener Zimt

1 EL Ahornsirup

45 g Haferflocken

Saft von ½ Zitrone

Zum Servieren

Naturjoghurt

griechisches Basilikum oder Basilikum, abgezupft

Zubereitung

1. Das Kokosöl in einer Pfanne erhitzen. Äpfel, Muskatnuss, Zimt, Ahornsirup, Haferflocken und Zitronensaft hineingeben und etwa 5 Minuten garen. Dabei regelmäßig umrühren.

2. Die Apfel-Flocken-Mischung in einer Schale anrichten. Einen Klecks Joghurt daraufgeben, mit Basilikum bestreuen und genießen.

Dunkle Knusperschokolade Für 4–5 Personen

Zutaten

200 g Zartbitterschokolade (70 % Kakaogehalt)

natives Olivenöl extra

Toppings

gemischte Körner (z. B. Chiasamen, Hanfsamen, Leinsamen, Sonnenblumenkerne)

gemischte Nusskerne

getrocknete Maulbeeren

Puffreis

Kokoschips

Zubereitung

1. Die Schokolade in Stücke brechen und in der Mikrowelle in Intervallen von je 30 Sekunden schmelzen. Zwischendurch umrühren. Die Schokolade ist flüssig genug, wenn sie zu etwa 90 % geschmolzen ist. Die restlichen Stücke schmelzen durch die Restwärme.

2. Das Olivenöl unterrühren. Ein Backblech mit Backpapier belegen. Die geschmolzene Schokolade in die Mitte gießen und mit einem Silikon- oder Gummispatel gleichmäßig 5 mm dick verteilen. (Sie reicht nicht bis zum Rand.)

3. Die Schokoladenplatte gleichmäßig mit Körnern, Nüssen, Maulbeeren, Puffreis und Kokoschips bestreuen.

4. Das Blech in den Kühlschrank stellen und die Schokolade in etwa 30 Minuten fest werden lassen. Danach herausnehmen, in Stücke brechen und servieren.

Saftige Sesam-Brownies Ergibt 9 Stück

Zutaten

4 EL frisch gemahlene Leinsamen

10 EL warmes Wasser

2 große Bananen, zerdrückt

120 g Tahin (Sesampaste)

150 g Ahornsirup

40 g Hafermehl

50 g Kakaopulver

¼ TL Salz

Schokotropfen oder Schokostücke

Zubereitung

1. Gemahlene Leinsamen und Wasser in einer kleinen Schüssel verrühren. Die Mischung zum Quellen beiseitestellen.
2. Den Backofen auf 180 °C vorheizen, eine quadratische Backform (20 × 20 cm) mit Backpapier auslegen.
3. Gequollene Leinsamen, Bananen, Tahin und Ahornsirup in eine Schüssel geben. Alles mit einem Schneebesen glatt verrühren.
4. Hafermehl, Kakaopulver und Salz zufügen und alles zu einem Teig verrühren. Den Teig in die Form füllen und im Ofen 35 Minuten backen.
5. Aus dem Ofen nehmen, sofort die Schokotropfen auf dem heißen Kuchen verteilen und schmelzen lassen. Die geschmolzene Schokolade dann gleichmäßig auf dem Kuchen verstreichen.
6. Die Brownies etwa 15 Minuten in der Form abkühlen lassen. Danach in Quadrate schneiden, aus der Form lösen und servieren.

Tipp: Besonders köstlich schmecken die Brownies, wenn sie noch warm mit einer Kugel Vanilleeis oder Bananen-Nicecream serviert werden.

Tassenkuchen ohne Mehl

(gluten- und milchfrei) Ergibt 1 Kuchen

Zutaten

1 Banane, zerdrückt

2 EL Kakaopulver

2 EL Erdnussmus

2 EL milchfreie Schokotropfen

Zubereitung

1. Alle Zutaten in einem Becher oder einer großen Tasse verrühren. Die Masse in der Mikrowelle auf höchster Stufe 2 Minuten garen. Herausnehmen, kurz abkühlen lassen und genießen.

Beste Blondies

(gluten- und milchfrei) Ergibt 9 Stück

Zutaten

180 g Mandelmehl

¼ TL Natron

60 g Kokosblütenzucker oder anderer Zucker

1 Prise Salz

25 g Kokosöl, geschmolzen

2 EL Mandeldrink

2 Bio-Eier

1 TL Vanilleextrakt oder Mark von 1 Vanilleschote

milchfreie Schokotropfen

Zubereitung

1. Den Backofen auf 180 °C vorheizen, eine quadratische Backform (20 × 20 cm) mit Backpapier auslegen.

2. Mandelmehl, Natron, Kokosblütenzucker und Salz in der Rührschüssel der Küchenmaschine mit Rührbesen vermischen.

3. In einer zweiten Schüssel Kokosöl, Mandeldrink, Eier und Vanilleextrakt mit einem Schneebesen verrühren.

4. Die Kokosölmischung zur Mandelmehlmischung geben und alles verrühren. Einige Schokotropfen für den Belag beiseitelegen. Die restlichen Schokotropfen unter den Teig rühren.

5. Den Teig in die Form füllen und mit den übrigen Schokotropfen bestreuen. Im Ofen 25–30 Minuten backen. Zur Garprobe mit einem Holzstäbchen in die Mitte des Kuchens stechen. Haften beim Herausziehen keine Teigreste mehr daran, ist der Kuchen gar.

6. Die Blondies aus dem Ofen nehmen und abkühlen lassen. Danach in Quadrate schneiden, aus der Form lösen und servieren.

Tipp: Wer sich vegan ernährt, ersetzt die Eier durch Leinsamen. Dafür 2 EL gemahlene Leinsamen mit 6 EL warmem Wasser verrühren und im Kühlschrank quellen lassen, bis die Masse bindet. Den Teig wie beschrieben zubereiten, jedoch 32 Minuten backen.

Dattel-Erdnuss-Happen

Ergibt 9 Stück

Zutaten

9 Medjool-Dattcln

280 g Erdnussmus

Nusskerne (am besten Haselnusskerne)

200 g dunkle Schokolade (mind. 70 % Kakaoanteil)

Meersalz

Zubereitung

1. Die Datteln auf ein Schneidebrett legen, längs einschneiden und die Steine herauslösen.

2. Jeweils etwas Erdnussmus in die Hohlräume der Datteln füllen.

3. Die Nüsse hacken und auf das Erdnussmus in die Datteln streuen.

4. Die Schokolade in Stücke brechen und über einem heißen Wasserbad oder in der Mikrowelle schmelzen. Die Datteln in die geschmolzene Schokolade tauchen, bis sie vollständig damit überzogen sind. Auf ein Kuchengitter setzen und abtropfen lassen.

5. Die überzogenen Datteln dann etwa 30 Minuten in den Kühlschrank stellen. Dabei einen Teller unter das Gitter stellen.

6. Sobald die Schokolade fest ist, die Datteln aus dem Kühlschrank nehmen. Mit der restlichen Erdnussbutter beträufeln, mit Meersalz bestreuen und genießen.

Schoko-Sesam-Plätzchen Ergibt 24 Stück

Zutaten

1 EL frisch gemahlene Leinsamen

3 EL warmes Wasser

120 g Tahin (Sesampaste)

110 g Ahornsirup

75 g Mandelmehl

50 g Kakaopulver

45 g Kokosblütenzucker oder anderer Zucker

½ TL Backpulver

½ TL Natron

½ TL Salz

1 TL Vanilleextrakt oder Mark von 1 Vanilleschote

85 g milchfrcic Schokotropfen

35–70 g Sesam

1 TL Meersalzflocken

Olivenöl zum Formen

Zubereitung

1. Gemahlene Leinsamen und Wasser in einer kleinen Schale verrühren. Die Mischung 2 Minuten quellen lassen.

2. Gequollene Leinsamen, Tahin und Ahornsirup in einer großen Schüssel verrühren. Mandelmehl, Kakaopulver, Kokosblütenzucker, Backpulver, Natron, Salz und Vanille zufügen und alles gleichmäßig verrühren. Die Schokotropfen unterheben. Die Schüssel mit Frischhaltefolie abdecken und den Teig mindestens 1 Stunde in den Kühlschrank stellen.

3. Den Backofen auf 180 °C vorheizen, ein Backblech mit Backpapier belegen. Sesam und Meersalz in einer kleinen Schüssel mischen. Die Hände dünn mit Olivenöl einreiben, da der Teig etwas klebrig ist. Vom Teig teelöffelgroße Portionen abstechen und mit den Händen zu lockeren Kugeln formen.

4. Die Kugeln in der Sesam-Meersalz-Mischung wälzen und auf das Backblech legen. Eine weitere kleine Schüssel mit Wasser füllen. Eine Gabel hineintauchen und die Kugeln damit zuerst längs, dann quer flach drücken, damit sie gleichmäßig verlaufen. Die Gabel zwischendurch immer wieder ins Wasser tauchen.

5. Die Plätzchen im Ofen 10–12 Minuten backen. Herausnehmen und 1–2 Minuten auf dem Blech abkühlen lassen. Dann auf ein Kuchengitter setzen und vollständig abkühlen lassen.

Tipp: Statt der Leinsamenmischung kann auch 1 Ei mit Tahin und Ahornsirup verrührt werden. Diese Plätzchen sind dann jedoch nicht mehr vegan.

SÜSSE SACHEN

Schoko-Hafer-Bissen Ergibt 9 Stück

Zutaten

180 g Haferflocken

5 EL Kokosraspel

250 g Erdnussmus

230 g Honig oder Ahornsirup

Belag

12 Medjool-Datteln, entsteint

60 g Kakaopulver

7 EL Kokosöl, geschmolzen

2 EL Kokosmilch

1 TL Ahornsirup

Zartbitterschokolade, geschmolzen, zum Beträufeln (nach Belieben)

Zubereitung

1. Für den Boden Haferflocken, Kokosraspel, Erdnussmus und Honig in einer großen Schüssel verrühren. (Wenn der Honig sehr fest ist, vorher leicht erwärmen.)

2. Eine quadratische Backform (20 × 20 cm) mit Backpapier auslegen. Die Masse gleichmäßig hineindrücken und in den Kühlschrank stellen.

3. Für den Belag alle Zutaten in einen Mixer geben und zu einer homogenen Masse pürieren.

4. Den Belag gleichmäßig auf dem Boden verteilen und nach Belieben noch mit etwas geschmolzener Zartbitterschokolade beträufeln. Den Kuchen dann mindestens 1 Stunde in den Kühlschrank stellen.

5. Danach herausnehmen, in Stücke schneiden, aus der Form lösen und servieren. Die Bissen zum Aufbewahren in einen luftdicht schließenden Behälter schichten. Gekühlt sind sie etwa 2 Wochen haltbar.

Meine Energiebällchen Ergibt 12 Stück

Zutaten

8 Medjool-Datteln, entsteint

1–2 EL Nussmus

100 g gemahlene Mandeln

95 g Kokosraspel, plus mehr zum Wälzen

2 EL Maca-Pulver

1 Prise Salz

flüssiger Honig zum Wälzen

Zubereitung

1. Datteln und Nussmus im Mixer zu einer gleichmäßigen Paste pürieren.

2. Die restlichen Zutaten zugeben und weitermixen, bis eine glatte Masse entsteht.

3. Aus der Masse Kugeln (3 cm Ø) formen. Die Kugeln zuerst im Honig, dann in den Kokosraspeln wälzen. Die Bällchen zum Aufbewahren in einen luftdicht schließenden Behälter schichten. Gekühlt sind sie etwa 2 Wochen haltbar.

Matcha-Käsekuchen

Ergibt 6–8 Stücke

Zutaten

120 g Haferflocken

225 g Mandeln

¼ TL Meersalz

4 EL Kokosblütenzucker

4–6 EL Kokosöl, geschmolzen, plus mehr für die Form

Belag und Deko

300 g Seidentofu

165 ml Kokosmilch

abgeriebene Schale und Saft von 2 Bio-Zitronen

4 EL Kokosblütenzucker

2 EL Pfeilwurzelmehl

4 TL Vanilleextrakt oder Mark von 4 Vanilleschoten

2 EL Matchapulver, plus mehr zum Servieren

Himbeeren (nach Belieben)

Kokoschips (nach Belieben)

Zubereitung

1. Den Backofen auf 180 °C vorheizen, eine Springform (23 cm Ø) mit Kokosöl einfetten.

2. Für den Boden Haferflocken, Mandeln, Salz, Kokosblütenzucker und 4 EL geschmolzenes Kokosöl in einem Mixer zu einem weichen, klebrigen Teig pürieren. Eventuell noch das übrige Kokosöl (1–2 EL) untermixen.

3. Den Teig in die Form drücken und dabei einen 2,5 cm hohen Rand formen. Den Boden mehrmals mit einer Gabel einstechen und im Ofen 25 Minuten knusprig goldbraun backen.

4. In der Zwischenzeit für den Belag Tofu, Kokosmilch, Zitronenschale und -saft, Kokosblütenzucker, Pfeilwurzelmehl und Vanille in den Mixer geben und verrühren. Danach das Matchapulver auf die Masse sieben und erneut mixen.

5. Die Tofucreme auf dem vorgebackenen Boden verteilen und die Form drei- bis viermal auf die Arbeitsfläche klopfen, damit eventuelle Luftbläschen entweichen. Den Kuchen im Ofen weitere 25–30 Minuten backen, bis die Oberfläche goldbraun ist.

6. Den Käsekuchen aus dem Ofen nehmen und zuerst 30 Minuten bei Zimmertemperatur abkühlen lassen. Dann 2–3 Stunden in den Kühlschrank stellen.

7. Zum Servieren etwas Matchapulver auf den Kuchen sieben. Den Käsekuchen nach Belieben noch mit Himbeeren und Kokoschips dekorieren.

Erdbeereis am Stiel

Ergibt 5 Stück (je nach Größe der Formen)

Zutaten

200 g Erdbeeren, geputzt

1 reife Banane

2 Medjool-Datteln, entsteint, zerkleinert und mit 1 EL kochendem Wasser verrührt

100 g Naturjoghurt (3,5 % Fett) oder Kokosjoghurt

Zubereitung

1. Alle Zutaten in einen Mixer geben und grob pürieren. Ein Drittel der Mischung abnehmen und in eine Schüssel umfüllen.

2. Die verbliebenen zwei Drittel glatt pürieren. Das Püree dann ebenfalls in die Schüssel geben und alles gut verrühren.

3. Die Masse mit einem Löffel in Portions-Eisförmchen füllen. Die Stiele in die Förmchen stecken und das Stieleis mindestens 4 Stunden ins Tiefkühlfach stellen, bis es fest ist.

Bananenbrot mit Kakao Für 8–12 Personen

Zutaten

225 g Mehl

1 EL Kakaopulver

1 TL Natron

1 TL Salz

90 g Kokosöl, geschmolzen, plus mehr für die Form

175 g brauner Zucker, plus mehr zum Bestreuen

1 TL Vanilleextrakt oder Mark von 1 Vanilleschote

1 Bio-Ei (Größe L)

5 sehr reife Bananen, 4 grob zerdrückt und 1 längs halbiert

125 g Naturjoghurt (3,5 % Fett)

Zubereitung

1. Den Backofen auf 180 °C vorheizen. Eine Kastenform (23 cm lang) mit Kokosöl einfetten.

2. Mehl, Kakaopulver, Natron und Salz in einer Schüssel vermischen.

3. In einer zweiten Schüssel geschmolzenes Kokosöl, Zucker und Vanille mit den Rührbesen des Handrührgeräts 3–5 Minuten aufschlagen. Danach die Masse von der Schüsselwand nach unten schaben und das Ei zufügen. Alles etwa 2 Minuten aufschlagen, bis die Masse locker und schaumig ist.

4. Die Mehlmischung nach und nach unter die Kokosöl-Ei-Masse rühren.

5. Dann nacheinander zerdrückte Bananen und Joghurt mit einem Spatel oder Holzlöffel gleichmäßig unterheben.

6. Den Teig in die Form füllen und die Oberfläche glatt streichen. Die halbierte Banane mit der Schnittfläche nach oben auf den Teig legen und die Oberfläche mit etwas Zucker bestreuen.

7. Den Kuchen im Ofen 1½–1¾ Stunden backen, bis sich die Ränder von der Form lösen und das Bananenbrot in der Mitte gar ist.

8. Das Bananenbrot aus dem Ofen nehmen und abkühlen lassen. Dann aus der Form lösen, in Scheiben schneiden und servieren. Zum Aufbewahren das Brot in einen luftdicht schließenden Behälter legen. Bei Zimmertemperatur ist es 3–4 Tage, im Kühlschrank etwa 2 Wochen haltbar.

Himbeercreme Für 4 Personen

Zutaten

450 g Himbeeren

1 Avocado

Mark von 1 Vanilleschote

1 EL Honig oder Ahornsirup

3 EL Mandelmus

100 g Kokoscreme

Zubereitung

1. Einige Himbeeren für die Deko beiseitelegen. Restliche Himbeeren und alle übrigen Zutaten in einen Mixer geben und glatt pürieren.

2. Die Himbeercreme in vier Gläser verteilen und mit den übrigen Himbeeren garnieren. Die Creme vor dem Servieren mindestens 1 Stunde in den Kühlschrank stellen.

175	**Frühstücks-Smoothie**
175	**Heidelbeer-Smoothie**
175	**Grüner Lieblingssmoothie**
175	**Heißer Kurkuma-Shot**
176	**Granatapfel-Cooler mit Minze und Ingwer**
176	**Rooibos-Eistee mit Thymian**
179	**Meine Virgin Mary**
180	**Schoko-Haselnuss-Shake**
182	**Rosmarin-Grapefruit-Fizz**
185	**Heiße Schokolade mit Gewürzen**
186	**Chai-Tee mit Kardamom und Ingwer**
189	**Rote-Bete-Latte**
189	**Matcha-Latte**
189	**Kurkuma-Latte**

Kühle Smoothies und ein heißer Shot

Frühstücks-Smoothie Ergibt 2 Gläser

200 ml Milch oder Pflanzendrink

50 g Kefir oder Naturjoghurt

1 EL Nussmus

1 kleine Avocado

1 kleine Handvoll Himbeeren oder Heidelbeeren

½ EL Kakaopulver

¼ TL gemahlener Zimt

½ TL gemahlene Kurkuma (nach Belieben)

Alle Zutaten in einen Mixer geben und glatt pürieren. Den Smoothie in zwei Gläser füllen und servieren.

Heidelbeer-Smoothie Ergibt 1 Glas

150 g Heidelbeeren (frisch oder TK)

½ Avocado

2 Handvoll grünes Blattgemüse (z. B. Spinat oder Grünkohl, frisch oder TK)

1 Handvoll Walnusskerne

150 ml Milch oder Pflanzendrink

Alle Zutaten in einen Mixer geben und glatt pürieren. Den Smoothie in zwei Gläser füllen und servieren.

Grüner Lieblingssmoothie Ergibt 2 Gläser

300 ml Milch oder Pflanzendrink

1 Banane, in Stücken tiefgekühlt

½ Salatgurke

90 g Heidelbeeren (frisch oder TK)

1 große Handvoll grünes Blattgemüse (z. B. Grünkohl, Mangold, Spinat)

1 TL Hanf- oder Chiasamen

1 EL Nussmus

1 EL Proteinpulver (nach Belieben)

Alle Zutaten in einen Mixer geben und glatt pürieren. Den Smoothie in zwei Gläser füllen und servieren.

Heißer Kurkuma-Shot Ergibt 4–6 Gläser

1 daumengroßes Stück Ingwer, in Scheiben geschnitten

Saft von 1 Zitrone

½ Knoblauchzehe

Pfeffer

1 TL Honig

½ TL gemahlene Kurkuma

240 ml kochendes Wasser

Alle Zutaten in einen Mixer geben und glatt pürieren. Den Mixer vorsichtig öffnen (Achtung, es kann spritzen). Den Shot in kleine Gläser füllen und servieren.

Granatapfel-Cooler mit Minze und Ingwer Ergibt 4 Gläser

Zutaten

½ Granatapfel

1 Stück Ingwer (2 cm), geschält

1 Handvoll Minzeblätter

Eiswüfel

Zubereitung

1. Den Granatapfel mit der Schnittfläche nach unten über einen Krug halten. Mit einem Löffel auf die Schale schlagen, sodass die Kerne in einen Krug fallen.

2. Den Ingwer dazureiben und die Minzeblätter zufügen.

3. Reichlich Eiswürfel zugeben und mit Wasser auffüllen. Den Drink mindestens 1 Stunde ziehen lassen, dann servieren.

Rooibos-Eistee mit Thymian Ergibt 4 Gläser

Zutaten

85 g Honig

6 Scheiben Ingwer (5 mm dick), geschält, plus mehr zum Servieren

1 Bund Thymian

1 Bio-Limetten, geviertelt, plus Bio-Limettenscheiben zum Servieren

Saft von 2 Limetten

Eiswürfel zum Servieren

700 ml Rooibostee oder schwarzer Tee, gekühlt

Zubereitung

1. Honig, Ingwer, 8 Zweige Thymian und Limettenviertel in einen Cocktailshaker geben. Den Shaker fest verschließen und kräftig schütteln, bis die Limettenviertel ihren Saft abgeben und Ingwer und Thymian zerfallen.

2. Den Limettensaft zugießen und rühren, bis sich der Honig vollständig aufgelöst hat. Einen Krug teilweise mit Eiswürfeln füllen. Die Mischung aus dem Shaker durch ein Sieb darübergießen. (Alternativ in vier mit Eiswürfeln gefüllte Gläser gießen.)

3. Mit dem gekühlten Tee aufgießen und umrühren, damit sich alles gleichmäßig vermischt. Den Eistee mit Thymianzweigen, Ingwer- und Limettenscheiben garnieren und servieren.

GETRÄNKE

Meine Virgin Mary Ergibt 4–6 Gläser

Zutaten

1 l Tomatensaft

1 mittelgroße Salatgurke, geschält und entkernt

Saft von 3 Zitronen

1 TL Selleriesamen (kein Selleriesalz)

1 TL Worcestersauce

½ TL Chilisauce (z. B. Tabasco), plus mehr zum Abschmecken

1 TL gemahlener schwarzer Pfeffer

2 mittelgroße Knoblauchzehen, zerdrückt

¼ TL Selleriesalz (nach Belieben)

Eiswürfel zum Servieren

Garnitur

Staudensellerie, Bio-Zitronenscheiben, Essiggurken, grüne Oliven

Zubereitung

1. Tomatensaft, Gurke, Zitronensaft, Selleriesamen, Worcester- und Chilisauce in einen Mixer geben. Den Mixer mit dem Deckel fest verschließen und alles auf hoher Stufe glatt mixen.

2. Abschmecken und eventuell mit Chilisauce nachwürzen. Pfeffer und Knoblauch zufügen, den Deckel wieder fest verschließen und nochmals einige Sekunden mixen. Den Drink nach Belieben mit Selleriesalz würzen.

3. Die Gläser mit Eiswürfeln füllen, die Virgin Mary darübergießen und mit einem Löffel umrühren. Nach Belieben noch mit Staudensellerie, Zitronenscheiben, Gurken und Oliven garnieren. Sofort servieren.

Schoko-Haselnuss-Shake Für 1 Glas

Zutaten

1–2 TL Schokolade, geschmolzen

1–2 Bananen, in Stücken tiefgekühlt

1 EL Erdnussmus

200 ml Haselnussdrink

Haselnusskerne, grob gehackt

Kakaonibs

Zubereitung

1. Die Innenwand eines hohen Glases mit etwas geschmolzener Schokolade beträufeln.

2. Restliche Schokolade, tiefgekühlte Bananen, Erdnussmus und Haselnussdrink in einen Mixer füllen und cremig pürieren.

3. Den Shake in das Glas gießen. Mit gehackten Haselnüssen und Kakaonibs bestreuen und sofort genießen.

Rosmarin-Grapefruit-Fizz Ergibt 6–8 Gläser

Zutaten

6 Grapefruits oder 500 ml Grapefruitsaft (fertig gekauft)

4 EL Rosmarinsirup (siehe unten)

1 l Mineralwasser mit Kohlensäure zum Auffüllen

1 Bio-Grapefruit, in Scheiben geschnitten, zum Servieren

Eiswürfel zum Servieren

Rosmarinsirup

250 ml gefiltertes Wasser

200 g Zucker

6 Zweige Rosmarin, plus mehr zum Servieren

Zubereitung

1. Für den Rosmarinsirup das Wasser in einem Topf aufkochen. Den Zucker zufügen und unter Rühren auflösen. Den Rosmarin zugeben und 1 Minute kochen lassen. Den Sirup vom Herd nehmen und je nach gewünschtem Geschmack 30–60 Minuten ziehen lassen.

2. Danach den abgekühlten Sirup durch ein Sieb in eine luftdicht schließende Glasflasche füllen. Gekühlt ist der Sirup etwa 2 Wochen haltbar.

3. Für den Fizz die Grapefruits auspressen und 500 ml Saft abmessen. Grapefruitsaft und Rosmarinsirup in einen Krug geben und verrühren. Mit Mineralwasser bis zum gewünschten Mischverhältnis auffüllen und erneut umrühren. Den Fizz sofort servieren oder kühlen.

4. Zum Servieren Rosmarinzweige, Grapefruitscheiben und Eiswürfel in die Gläser verteilen. Mit dem Fizz auffüllen und sofort genießen.

Heiße Schokolade mit Gewürzen

Ergibt 2 Becher

Zutaten

400 ml Milch oder Pflanzendrink

3 EL Kakaopulver

1½ EL Ahornsirup oder Honig

1 TL gemahlener Zimt

1 Prise Cayennepfeffer (nach Belieben)

Zubereitung

1. Alle Zutaten in einem Topf verrühren. Dann unter Rühren erwärmen. Die heiße Schokolade in Becher gießen und servieren.

Chai-Tee mit Kardamom und Ingwer Ergibt 2 Tassen

Zutaten

500 ml gefiltertes Wasser

1 daumengroßes Stück Ingwer, längs halbiert

4 Kardamomkapseln mit Samen, zerstoßen

1 TL Darjeeling- oder Assam-Teeblätter

2 EL Honig

250 ml Milch oder Pflanzendrink (am besten Mandeldrink)

Zubereitung

1. Das Wasser mit Ingwer und Kardamom in einen kleinen Topf geben. Alles bei mittlerer Hitze aufkochen.

2. Die Hitze dann reduzieren und 5–7 Minuten weiterköcheln lassen, bis das Wasser eine gelbliche Farbe annimmt.

3. Die Teeblätter zugeben und alles bei schwacher Hitze weitere 3 Minuten köcheln lassen.

4. Dann den Honig zugeben und weitere 2–3 Minuten köcheln lassen, bis der Tee eine tiefrote Farbe annimmt und der Honig sich aufgelöst hat. (Durch das Köcheln wird der Tee kräftiger. Für einen leichteren Tee die Kochzeit verkürzen und die Farbe prüfen.)

5. Zuletzt die Milch zugießen und den Chai noch 1–2 Minuten weiterköcheln lassen.

6. Den Chai vom Herd nehmen und durch ein Metallsieb in zwei Tassen gießen. Sofort servieren.

GETRÄNKE

Alles Latte

Rote-Bete-Latte Ergibt 1 Becher

1 TL Rote-Bete-Pulver

1 TL Ahornsirup

250 ml Milch oder Pflanzendrink

1 Prise gemahlener Ingwer (nach Belieben)

1. Alle Zutaten in einen Topf geben und bei mittlerer Hitze 8–10 Minuten köcheln lassen.
2. Die Mischung dann 1 Minute mit einem Schneebesen oder einem Milchaufschäumer aufschlagen. In einen Becher gießen und heiß genießen.

Matcha-Latte Ergibt 1 Becher

1 TL Matchapulver, plus mehr zum Servieren (nach Belieben)

2 TL Honig oder Ahornsirup

3 EL warmes Wasser

250–300 ml Milch oder Pflanzendrink

1. Matchapulver und Honig in einen Becher geben. Das Wasser zufügen und mit einem Löffel oder einem Schneebesen verrühren, bis eine klümpchenfreie dunkelgrüne Paste entsteht.
2. Für eine heiße Latte die Milch in einem kleinen Topf erwärmen und über die Paste in den Becher gießen. Für einen gekühlten Latte 250 ml kalte Milch zugießen.
3. Matchapaste und Milch mit einem Schneebesen glatt verrühren.
4. Heißen Matcha-Latte nach Belieben noch mit etwas Matchapulver bestreuen. Für einen eisgekühlten Latte noch Eiswürfeln zugeben.

Kurkuma-Latte Ergibt 1 Becher

½–1 TL gemahlene Kurkuma

½ TL gemahlener Ingwer

½ TL gemahlener Zimt

½ TL Ahornsirup

200 ml Milch oder Pflanzendrink

Pfeffer

1. Alle Zutaten in einen Topf geben und bei mittlerer Hitze 8–10 Minuten unter ständigem Rühren köcheln lassen. (Alternativ alles in einem Milchaufschäumer aufschlagen.)
2. Die Mischung in einen Becher gießen und heiß genießen.

Alkohol 31, 61–63
Antibiotika 31
Antioxidantien 18, 27, 60
Äpfel
    Apfeldessert, schnelles 150
    Apfel-Porridge mit Rosinen 75
Asia-Lachs vom Blech 145
Auberginen
    Gemüse-Tajine mit Mandel-Kichererbsen-Quinoa 130
    Pasta mit gebackenen Auberginen und Tomaten 122
Avocados
    Avocado-Gemüse-Panino 116
    Frühstücks-Smoothie 175
    Heidelbeer-Smoothie 175
    Himbeercreme 170
    Hüttenkäse-Toast mit Avocado 88
    Kabeljau, kreolischer, mit Bohnensalsa 142
    Power-Salat 98
    Salat, schwedischer, mit Dill 106
    Sandwich mit Avocado, Pilzen, Spinat und Miso 115
    Tacos, würzige, mit Walnüssen 134
    TikTok-Tortilla 112

Ballaststoffe 17–18, 44, 51
Bananen
    Bananenbrot mit Kakao 169
    Erdbeereis am Stiel 167
    Haferflocken mit Banane und Walnüssen 75
    Leinsamenpudding 77
    Lieblingssmoothie, grüner 175
    Spinat-Bananen-Pfannkuchen 85
    Schoko-Bananen-Porridge 81
    Schoko-Haselnuss-Shake 180
    Sesam-Brownies, saftige 154
    Tassenkuchen ohne Mehl 156
Bewegung 46
Blitz-Frühstück 75
Blondies, beste 156
Blumenkohl
    Hähnchen mit Blumenkohl und Sesam vom Blech 141
    Tacos, würzige, mit Walnüssen 134
Bohnen 8, 14, 20
    Bohneneintopf mit Kohl und Zwiebeln 137
    Kabeljau, kreolischer, mit Bohnensalsa 142
    Nudel-Bohnen-Eintopf 103
    Ofengemüse, herzhaftes 91
    Power-Salat 98
    Erbsen-Bohnen-Suppe, schnelle 97
    Riesenbohnen mit Tomaten auf Toast 88
Brokkoli
    Gemüsesuppe, grüne 97
    Reis, gebratener, mit Karotten, Ingwer und Miso 128
Brot 9, 53
    Avocado-Gemüse-Panino 116
    Caesar Salad mit Grünkohl 101
    Sandwich mit Avocado, Pilzen, Spinat und Miso 115
Butter 40

Caesar Salad mit Grünkohl 101
Chai-Tee mit Kardamom und Ingwer 186
Chiapudding mit Himbeeren 82
Cholesterin 18, 21, 36–38, 52

Darmmikrobiom 25, 28, 43, 44–46
    kurzkettige Fettsäuren 17–18, 44, 45, 46, 47, 48
    Lebensmittel einschränken 30–31, 33
    und Gehirn 45
    und Immunsystem 44–45
    Vielfalt 18, 28–29, 44
Datteln
    Dattel-Erdnuss-Happen 158
    Energiebällchen, meine 163
    Erdbeereis am Stiel 167
    Leinsamenpudding 77
    Schoko-Hafer-Bissen 163
Dehydrierung 58
Diabetes Typ 2 52, 59
Dysbiose 31,44
Drogen 31

Eier 21
    Nizza-Salat mit Kichererbsen 104
    Ofengemüse, herzhaftes 91
    Shakshuka mit Pilzen 86
Einkaufen 20–21, 23
Energiebällchen, meine 163
Erbsen
    Erbsen-Bohnen-Suppe, schnelle 97
    Gemüsesuppe, grüne 97
    Erdbeereis am Stiel 167
Ernährung
    abwechslungsreiche 26–31,
    Darmflora, artenreiche 30–31, 33
    30 pflanzliche Lebensmittel 28, 33
    regenbogenbunt essen 26, 27, 33
Erdnuss
    Dattel-Erdnuss-Happen 158
Essen
    achtsam essen 54,64–71
    im Restaurant 70
    saisonal essen 27, 33
    zum Mitnehmen 70

Fasten 70–71
Fette 8, 17, 22, 27, 34–41
    einfach ungesättigte 36, 37, 38
    ernährungsphysiologischer Wert 35
    fettlösliche Vitamine 17, 35
    gesättigte 36, 37, 38, 39
    mehrfach ungesättigte 36, 37,38
    Öle 39–40
    Transfette 36, 37, 38, 41
    ungesättigte 36–37, 38
Fettsäuren
    einfach ungesättigte 36 37, 38
    kurzkettige 17–18, 44, 45, 46, 47, 48
    mehrfach ungesättigte 36, 37, 38
Fisch 21, 37, 41, 46
    Asia-Lachs vom Blech 145
    Fischauflauf mit Süßkartoffelhaube 146
    Kabeljau, kreolischer, mit Bohnensalsa 142
    Nizza-Salat mit Kichererbsen 104
Fleisch 20
freie Radikale 27, 36, 40, 60
Fruchtsäfte 59
Frühstücks-Smoothie 175

Garmethoden 30
Gazpacho, weltbester 98
Gemüse 14, 20, 22, 27
    Avocado-Gemüse-Panino 116
    Gemüsesuppe, grüne 97
    Gemüse-Tajine mit Mandel-Kichererbsen-Quinoa 130
    Nudelsalat im Glas 111
    Ofengemüse, herzhaftes 91
    Ofengemüse-Salat 109
    Pad Thai mit Gemüse 127
Getränke 27, 56–63, 172–189
    gezuckerte 59,63
    kalorienreiche 59
    zuckerhaltige 54
Gewicht
    Abnahme 66, 71
    Zunahme 53
Gewürze 8, 27, 29
Glukose 51
glykämischer Index 52–53
Granatapfel-Cooler mit Ingwer und Minze 176
Grünkohl
    Caesar Salad mit Grünkohl 101
    Nudel-Bohnen-Eintopf 103
    Soba-Nudeln mit Knusperkohl 124
Gurke
    Gazpacho, weltbester 98
    Lieblingssmoothie, grüner 175
    Power-Salat 98
    Soba-Nudeln mit Knusperkohl 124
    Virgin Mary, meine 179

Haferflocken 8, 54
    Apfeldessert, schnelles 150
    Apfel-Porridge mit Rosinen 75
    Blitz-Frühstück 75
    Haferflocken mit Banane und Walnüssen 75
    Kurkuma-Porridge 78
    Matcha-Käsekuchen 164
    Müsli 75
    Porridge, gebackener, mit Karotten 77
    Schoko-Hafer-Bissen 163
    Tomatentarte mit Ricotta 138

Hähnchen
    Hähnchen mit Blumenkohl und Sesam vom Blech 141
    Thai-Nudelsuppe mit rotem Curry 94
Haselnüsse
    Schoko-Haselnuss-Shake 180
Haut 46
Heidelbeeren
    Blitz-Frühstück 75
    Haferflocken mit Banane und Walnüssen 75
    Heidelbeer-Smoothie 175
    Lieblingssmoothie, grüner 175
    Schoko-Bananen-Porridge 81
Heißhunger 54–55, 65
Himbeeren
    Chiapudding mit Himbeeren 82
    Frühstücks-Smoothie 175
    Himbeercreme 170
Hormone und Darm 46
Hülsenfrüchte 8, 14, 20, 21, 23, 29, 37
Hüttenkäse-Toast mit Avocado 88

Immunsystem 44–45
Insulin 52
Intervallfasten 70–71

Kabeljau, kreolischer, mit Bohnensalsa 142
Kaffee 60
Kalorien 17, 62
Karotten
    Gemüse-Tajine mit Mandel-Kichererbsen-Quinoa 130
    Nudel-Bohnen-Eintopf 103
    Porridge, gebackener, mit Karotten 77
    Reis, gebratener, mit Karotten, Ingwer und Miso 128
    Ofengemüse-Salat 109
Kartoffeln
    Ofengemüse, herzhaftes 91
    Ofengemüse-Salat 109
Käse
    Avocado-Gemüse-Panino 116
    Hüttenkäse-Toast mit Avocado 88
    Pasta, knallgrüne 121
    TikTok-Tortilla 112
    Tomatentarte mit Ricotta 138
Kater 62
Kefir 48
Kekse 54
Kerne 8, 14, 21, 27, 29, 38
    Hüttenkäse-Toast mit Avocado 88
    Müsli 75
Kichererbsen
    Caesar Salad mit Grünkohl 101
    Gemüse-Tajine mit Mandel-Kichererbsen-Quinoa 130
    Kokos-Kichererbsen-Curry 133
    Nizza-Salat mit Kichererbsen 104
    Ofengemüse-Salat 109
    Salat, schwedischer, mit Dill 106
Kimchi 48

Knusperschokolade, dunkle 153
Koffein 60, 62
Kohl
   Bohneneintopf mit Kohl und Zwiebeln 137
   Pasta, knallgrüne 121
   Power-Salat 98
Kohlenhydrate 17
   einfache und komplexe 52
   Glykämischer Index 52–53
   raffinierte 51–55
Kokos-Kichererbsen-Curry 133
Kokosraspeln
   Energiebällchen, meine 163
   Schoko-Hafer-Bissen 163
Kokosöl 40
Kombucha 48
Kräuter 8, 27, 29
   Gemüsesuppe, grüne 97
Kurkuma
   Kurkuma-Latte 189
   Kurkuma-Porridge 78
   Kurkuma-Shot, heißer 175

Leinsamenpudding 77
Lebensmittel
   fermentierte 46, 47, 48
   hochverarbeitete 14, 30–31
   kalorienarme 17
   verarbeitete 14, 17, 31
   vollwertige 14, 23, 29, 52, 55
Lebensmittelverschwendung 18, 30
Lieblingssmoothie, grüner 175

Mandeln 8, 14, 21, 27, 39
   Gemüse-Tajine mit Mandel-Kichererbsen-Quinoa 130
   Energiebällchen, meine 163
Matcha
   Matcha-Käsekuchen 164
   Matcha-Latte 189
Melatonin 51
Milchprodukte 21
Milchreis, brauner 150
Miso 48
   Reis, gebratener, mit Karotten, Ingwer und Miso 128
   Sandwich mit Avocado, Pilzen, Spinat und Miso 115
Müsli 75

Nahrungsergänzungspräparate 21
Nizza-Salat mit Kichererbsen 104
Nudeln
   Nudel-Bohnen-Eintopf 103
   Nudelsalat im Glas 111
   Pad Thai mit Gemüse 127
   Pasta, knallgrüne 121
   Pasta mit gebackenen Auberginen und Tomaten 122
   Soba-Nudeln mit Knusperkohl 124
   Thai-Nudelsuppe mit rotem Curry 94
Nüsse 8, 14, 21, 27, 29
   Schoko-Bananen-Porridge 81

Obst 14, 20, 22, 27
   regenbogenbunt essen 26, 27, 33
Ofengemüse, herzhaftes 91
Ofengemüse-Salat 109
Öle 8, 39–40
   Herstellungsmethoden 39
Omega-3-Fettsäuren 20, 21, 36, 38, 39, 41, 46
Omega-6-Fettsäuren 36, 38

Paprika
   Gemüse-Tajine mit Mandel-Kichererbsen-Quinoa 130
   Kokos-Kichererbsen-Curry 133
   Ofengemüse, herzhaftes 91
   Reis, gebratener, mit Karotten, Ingwer und Miso 128
   Shakshuka mit Pilzen 86
   Thai-Nudelsuppe mit rotem Curry 94
Pad Thai mit Gemüse 127
Pasta, knallgrüne 121
Pasta mit gebackenen Auberginen und Tomaten 122
Pilze
   Avocado-Gemüse-Panino 116
   Bohneneintopf mit Kohl und Zwiebeln 137
   Ofengemüse, herzhaftes 91
   Riesenbohnen mit Tomaten auf Toast 88
   Sandwich mit Avocado, Pilzen, Spinat und Miso 115
   Shakshuka mit Pilzen 86
   Soba-Nudeln mit Knusperkohl 124
   TikTok-Tortilla 112
Polyphenole 27, 31
Polysaccharide 52
Portionsgrößen 22, 70
Porridge, gebackener, mit Karotten 77
Power-Salat 98
Präbiotika 47
Probiotika 47–48
Proteine 17, 22

Reis
   Milchreis, brauner 150
   Reis, gebratener, mit Karotten, Ingwer und Miso 128
   Riesenbohnen mit Tomaten auf Toast 88
   Rooibos-Eistee mit Thymian 176
   Rosmarin-Grapefruit-Fizz 182
   Rote-Bete-Latte 189

Salate
   Caesar Salad mit Grünkohl 101
   Nizza-Salat mit Kichererbsen 104
   Nudelsalat im Glas 111
   Ofengemüse-Salat 109
   Power-Salat 98
   Salat, schwedischer, mit Dill 106
Salz 30–31
Sandwich mit Avocado, Pilzen, Spinat und Miso 115
Sauerkraut 48
Schlaf 45–6, 54, 62
Schokolade 53
   Blondies, beste 156
   Dattel-Erdnuss-Happen 158
   Knusperschokolade, dunkle 153
   Schoko-Bananen-Porridge 81
   Schoko-Hafer-Bissen 163
   Schoko-Haselnuss-Shake 180
   Schoko-Sesam-Plätzchen 160
   Schokolade, heiße, mit Gewürzen 185
   Sesam-Brownies, saftige 154
   Tassenkuchen ohne Mehl 156
Serotonin 45, 46, 51
Sesam-Brownies, saftige 154
Shakshuka mit Pilzen 86
Smoothies 59, 175
Snacks 10–11
Soba-Nudeln mit Knusperkohl 124
Sonnenblumenöl 40
Spinat
   Avocado-Gemüse-Panino 116
   Fischauflauf mit Süßkartoffelhaube 146
   Gemüsesuppe, grüne 97
   Pasta, knallgrüne 121
   Riesenbohnen mit Tomaten auf Toast 88
   Sandwich mit Avocado, Pilzen, Spinat und Miso 115
   Shakshuka mit Pilzen 86
   Spinat-Bananen-Pfannkuchen 85
   Thai-Nudelsuppe mit rotem Curry 94
Stress 31, 54
Suppen
   Erbsen-Bohnen-Suppe, schnelle, mit Minze 97
   Gazpacho, weltbester 98
   Gemüsesuppe, grüne 97
   Nudel-Bohnen-Eintopf 103
   Thai-Nudelsuppe mit rotem Curry 94
Süßkartoffeln
   Fischauflauf mit Süßkartoffelhaube 146
   Ofengemüse-Salat 109
Süßstoffe, künstliche 31

Tacos, würzige, mit Walnüssen 134
Tassenkuchen ohne Mehl 156
Tee 60
   Chai-Tee mit Kardamom und Ingwer 186
   Rooibos-Eistee mit Thymian 176
Thai-Nudelsuppe mit rotem Curry 94
TikTok-Tortilla 112
Tofu 20
   Matcha-Käsekuchen 164
   Soba-Nudeln mit Knusperkohl 124
   Thai-Nudelsuppe mit rotem Curry 94
Tomaten
   Avocado-Gemüse-Panino 116
   Gazpacho, weltbester 98
   Kabeljau, kreolischer mit Bohnensalsa 142
   Nudel-Bohnen-Eintopf 103
   Ofengemüse, herzhaftes 91
   Pasta mit gebackenen Auberginen und Tomaten 122
   Riesenbohnen mit Tomaten auf Toast 88
   Shakshuka mit Pilzen 86
   TikTok-Tortilla 112
   Tomatentarte mit Ricotta 138
   Tomatensaft: Virgin Mary, meine 179
Tortillas
   Power-Salat 98
   Tacos, würzige, mit Walnüssen 134

Verpackung lesen 14, 55
Virgin Mary, meine 179
Vitamine, fettlösliche 17, 35
Vollkorngetreide 20, 27

Walnüsse
   Blitz-Frühstück 75
   Haferflocken mit Banane und Walnüssen 75
   Power-Salat 98
   Tacos, würzige, mit Walnüssen 134
Wasser 57, 58–59, 63

Zucchini
   Gemüse-Tajine mit Mandel-Kichererbsen-Quinoa 130
   Ofengemüse-Salat 109
   Thai-Nudelsuppe mit rotem Curry 94
Zucker 15–17, 53–55
Zutaten 8
Zwei-Wochen-Plan 10–11
Zwiebeln
   Bohneneintopf mit Kohl und Zwiebeln 137

Dank

An meine Eltern, die so viel für mich geopfert haben und ohne die ich heute nicht da wäre, wo ich bin. Ich werde immer dankbar sein für alles, was ihr für mich getan habt. Ich liebe euch beide sehr.

An meinen Agenten Adrian, der vom ersten Moment an mich geglaubt hat. Ich bin unendlich dankbar für deine aufmunternden Worte, deine geradlinigen Ratschläge und dein allgemeines Händchenhalten.

An Judith, die an dieses Projekt geglaubt und meiner Vision vertraut hat, sowie an den Rest des Kyle-Teams. Besonders der brillanten Emma für ihren Enthusiasmus und ihre Geduld. Joanna, Victoria und Charlotte, ich danke euch für eure überwältigende Unterstützung und dafür, dass ihr meine Leidenschaft teilt.

Lucy und Ellen von Imagist für ihr Engagement, ihre vielen Überstunden, ihre wunderbar positive Einstellung und ihr unglaubliches Talent. Danke, dass ihr verstanden habt, was ich erschaffen wollte, auch wenn es zu diesem Zeitpunkt nur in meinem Kopf existierte.

An Nick und Vanessa, zwei der nettesten und kreativsten Menschen, die ich kenne. Nick, ich danke dir für deine Bereitschaft und deinen Enthusiasmus, dieses Projekt zu übernehmen und ihm mit deinem Talent besonderen Zauber zu verleihen. Vanessa, danke dass du meine Vision zum Leben erweckt hast, ohne dich hätte ich es nicht geschafft. Dein positiver kreativer Einfluss hat mir geholfen, mehr zu wagen, als ich mir zugetraut hätte.

Kristine, ich danke dir für deine engagierte Arbeit und deine unglaubliche Kochkunst. Lucy und Holly, danke für eure gute Laune und für eure Hilfe.

Für die wunderschönen Hintergründe, die mir zur Verfügung gestellt wurden, insbesondere von meiner talentierten Freundin Octavia Dickinson und von Balineum-Fliesen.

An Tallulah dafür, dass sie mich überhaupt erst auf diese Idee gebracht hat.

An Amy, die über die Jahre hinweg so großzügig ihre Zeit und ihr Wissen zur Verfügung gestellt und meine Leidenschaft für die Fotografie geweckt hat.

An Tom für deine unglaubliche Freundlichkeit, Rücksichtnahme und Unterstützung.

An Drew, der mich inspiriert und angeleitet hat. Danke, dass du mir die Welt des Videodrehs erklärt und meine Liebe zur Videografie entfacht hast.

An Carrie, die sich in fast jede erdenkliche Position gehängt und gebückt hat, um mir zu helfen, meine Lifestyle-Aufnahmen zu machen. Danke für die aufmunternden Gespräche, Realitätsprüfungen, aufschlussreichen Weisheiten, Unterstützung und Zuneigung. Du hast mir geholfen, mich als Mensch weiterzuentwickeln. Ich bin sehr dankbar, dich zu kennen.

An Alex für deine Offenheit, deine Beständigkeit, dafür, dass du mich zum Ehrenmitglied des Big-Atom-Teams gemacht hast, und vor allem für deine unglaubliche Freundschaft. Du bist einer der Menschen, mit denen ich am liebsten esse (und trinke!). Du stehst mir so nahe wie ein Familienmitglied.

An Rollo, denn deine Stärke, dein Optimismus, dein Rat, deine Geduld, dein Humor und deine Freundlichkeit haben mir geholfen, dieses Buch zu beenden. Danke, dass du mir deine Küche und deinen Geschmackssinn zur Verfügung gestellt hast, vor allem für das misslungene Experiment mit meiner veganen Lasagne. (Und ich entschuldige mich auch bei Dom!)

An all die wunderbaren Menschen, die mir mit freundlichen Worten, dem Testen von Rezepten, langen Spaziergängen, Gastfreundschaft, Ermutigung und Ehrlichkeit geholfen haben, den Boden unter den Füßen nicht zu verlieren, gesund zu bleiben und zu funktionieren. Tash H, Tash S und Hammie (mein OG!), Maddy, Izzy, Nicky, Georgie und James, Georgiana, Gussie, KJ, Wilhelm, Hugh und Lucy, Jeff und Emily, Henry und Alex, Lucy B, Will und Liwy, Annabel und Will, Francesca, Steph, Jasmine, Ro, Charlie, Sophie G, Alex und Hannah. Welch großes Glück, jeden einzelnen von euch zu kennen!

Meinen Kundinnen und Kunden danke ich dafür, dass sie mir ihre Gesundheit anvertraut und mir mit ihren Fragen, Geschichten und Erlebnissen geholfen haben, eine bessere Ernährungsberaterin zu werden. Ohne eure Impulse hätte ich dieses Buch niemals schreiben können.